中国年度优秀诗歌 2018卷

杨志学　唐诗◎主编

新华出版社

图书在版编目（CIP）数据

中国年度优秀诗歌. 2018卷 / 杨志学, 唐诗主编.
-- 北京 : 新华出版社, 2019.2
ISBN 978-7-5166-4514-7

Ⅰ. ①中…　Ⅱ. ①杨…　②唐…　Ⅲ. ①诗集－中国－当代
Ⅳ. ①I227

中国版本图书馆CIP数据核字(2019)第039062号

中国年度优秀诗歌. 2018卷
主　　编：杨志学　唐　诗

责任编辑：李　成　　**封面设计：**李尘工作室

出版发行：新华出版社
地　　址：北京石景山区京原路8号　**邮　　编：**100040
网　　址：http://www.xinhuapub.com
经　　销：新华书店、新华出版社天猫旗舰店、京东旗舰店及各大网店
购书热线：010－63077122　**中国新闻书店购书热线：**010－63072012

照　　排：臻美书装
印　　刷：北京明恒达印务有限公司
成品尺寸：150mm × 230mm　1/16
印　　张：22　**字　　数：**280千字
版　　次：2019年3月第一版　**印　　次：**2019年3月第一次印刷
书　　号：ISBN　978-7-5166-4514-7
定　　价：50.00元

目录 | CONTENTS

一辑　名家看台

二辑　实力方阵

三辑　诗海珠贝

四辑　网络选萃

特辑　清水诗篇

一辑　名家看台

窗外的世界（三首）

李　瑛

窗　口

坐在窗口，一朵云
轻轻地掠过屋顶
天高地远魂飞苦啊，瞬间
飘去了哪里，再无踪影

是啊，二月的雪，三月的风
四月雨丝打湿的布谷鸟的啼鸣
面前所有的一切都将消失
再见到的已不是原来的生命

是啊，八月月色，九月流萤
十月野草下秋虫急管繁弦凄切地合鸣
无论是窗口共振的天籁
或一张张重叠变换的风景

对永恒的自然
我们只是列车窗前的过客
一闪而过，匆匆，太匆匆
转眼间，海浪——天风——
面前所有的一切都已消失

夫　妻

两棵树生长在一起
茂密的枝叶相互交织
她为他遮阳，他为她挡雨
它们的根在地下缠在一起
是呵，两个互为一半的生命
才是一个完整的世界，也许
只有他们才懂得爱的秘密
它们因爱而变得更加美丽

但珍惜吧，请珍惜
自然给予的生命是短暂的
他们在匆忙中一起变老
似黑白键上掠过两个音符
似风雨摇动着两片叶子
不经意间总会有一个率先离去
细腻的精神生活结束了
小巢里，温馨的气息瞬即散去
只留给一个人一个巨大的孤独和
两个人中一半的记忆
记忆里，即使是一次亲昵的争吵
也是生命中难再的甜蜜

去做一只鸟吧

去做一只不需罗盘的海鸥吧
为我们驮来蓝色的海风
去做一只不要安眠药的夜莺吧
为我们带来婉转的歌声

或者就去做一只端庄的白天鹅
或一只辛勤的布谷鸟
以其不同的信仰和崇高的美
点燃我们的激情，启示生命

不然就去做一只猫头鹰
从不愿遨游九天
只想蹲在后院枯木桩上
不吸烟，不咳嗽，不动
毕生做一名忠诚守夜的更夫
它可是一团黑色的雷霆

或者就去做一只不爱脂粉的啄木鸟
它来，林子里的所有的树
从喙、颈椎、到尾巴都坚强起来
每根枝条都再不摇动
好让它听见哪里有叹息和哭声

接着，每片叶子都欢呼黎明

（选自《人民文学》2018年第3期）

一簇繁花（外一首）

邵燕祥

好你一簇繁花
在我来前
就绽开满天星

好你一簇繁花
在我去后
还将绽开满天星

说什么
前不见古人
后不见来者

我来时
你不孤独
我去后
你也不寂寞

太阳的气味

太阳，你以发光的手
打开我的南窗　我的风箱
让我踮起脚来　吸饱了

你太阳的气味

我从小熟悉的
太阳的气味啊

白天
晒干了露水的青草
夜晚
晾晒了一天的被子

日日夜夜环绕着我
太阳的气味

月月不变　年年不变
一年不变　十年不变
几十年不变　你是千万年不变的
光明又温暖的　太阳的气味

（选自《人民文学》2018 年第 3 期）

悬崖的边缘（外二首）

吉狄马加

我站在悬崖的边缘，前面是
悬浮的空气的负数，我一直
站在边缘纯粹的绝对之上
如果说我是一个点，其实
我就是这边缘核心的脊柱
另一个存在站在这里，时间的
楼梯已经被它们完整地抽掉
也许只需要半步，物质的重量
就会失衡，事实已经证明——
就是针尖一样的面积，也能让
一个庞大的物体在现实的
玻璃上立足，而这并非是在历险
难道这就是思想和意念的针孔
被巨石所穿越的全部理由
我一直站在那悬崖的最边缘
是遥远的大海终止了欲望和梦
我没有转过头，尽管太阳
洒下了千万颗没有重量的雨滴
因为在我的背后什么也没有……

从摇篮到坟墓

从摇篮到坟墓

时间的长和短
没有任何特殊的意义
但这段距离
摇篮曲不能终止
因为它的长度
超过了世俗的死亡

你听那原始的声音
从母亲的喉头发出
这声调压过了所有的舌头
在群山和太阳之间
穿越了世代火焰的宇宙
通向地狱和天堂的门
虽然都已经被全部打开
但穹顶的窗户，却为我们的
归来，标明了红色的箭头

在这大地上，只有摇篮曲
才让酣睡的头颅和肋骨
甜蜜自由，没有痛苦
那突然的颤栗和疯狂
让遥远的星星光芒散尽

因为母亲的双手
那持续的晃动，会让
我们享受幸福的一生
当我们躺在——
墓地的火焰之上
仍然是母亲的影子
在摇篮旁若隐若现

从摇篮到坟墓
只有母亲的手
还紧紧地牵着我们
从摇篮到坟墓
始终伴随着我们的
就是母亲的摇篮曲
我知道这个世界上
再没有什么别的声音
——能比她的吟唱
更要动人，更要美好！

这个世界并非杞人忧天

这个世界并非杞人忧天
但总会有人担心——
天空会突然地坍塌
我本应该待在老家达基沙洛
而不是在这个狂躁的尘世游走
但事实就是这样，我疲惫不堪
就是望见了并不遥远的山顶
我也再没有心气攀上它的高处
不是每一种动物，都有这样的想法
作为一个彝人，我只想——
同我的祖先们一样，躺在寂静的
山岗，长时间地注视着远方
在时间的尽头，最终捕捉到
这一切是如何消失得无影无踪
甚至去观察一只勤快英勇的蚂蚁
是怎样完成搬运比它的身体

更要庞大百倍的昆虫的把戏
如果没有疑义，还可以潜入荞麦地
去守望一颗颗麦尖上晶莹的露水
它们折射闪烁出千万个迷人的星空
而从那遥远处吹来的温暖的风
会让无名的思绪漂浮于永恒的无限
但是尽管这样，我仍然无法摆脱
这个地球遭遇不幸的生命
在我的耳边留下的沉重叹息
虽然我们每个人都应该洁身自好
可还是有人参与了对别的生物的杀戮
其实这个世界比我们想象的
还要令人堪忧，这并非是哗众取宠
我们的土地本来就是母亲的身躯
是今天的人类，在她身上留下了伤口
他们高举着机器和逻辑的镰刀
高歌猛进，横冲直撞，闪闪发光
羞耻这个词，不敢露面，它躲进了
把一切罪恶汇集在一起的那本词典
它让我们无尽的天空和海洋
留下了一道道斧痕叮当作响
这个宇宙只有太阳依然美好善良
它伸出了它的大手，去擦干泪水
可以听见，也可以看见，还有多少生命
正在诞生，并为明天的来临而欣喜若狂
尽管这样，我还是固执地相信
这个世界不会毁于一场预谋的战争
而会毁于一次谁也不太关注的偶然
但愿，但愿这一天永远不要出现。

（选自《上海文学》2018 年第 1 期）

长满绿锈的剑（外二首）

叶延滨

每一块锈斑，都在痒
痒痒地提醒玻璃柜中的剑
曾经吹毛立断的风流
无数剔骨挑筋的淋漓

剑老了，剑退出江湖了
剑想忘记这一切
容易啊，只要一块磨刀石
亦可再次回炉，让铁锤击打

荣幸啊，此剑被册封一级文物
那些痒死人的锈斑
是剑被风雨佩戴上的勋章
是剑不可磨灭的光荣

于是在众目睽睽之下
在透明的高贵的丝绒之上
那些发着绿光的锈斑
让剑永远地痒，痒死
也不可超度……

昙花没有耳朵

昙花开了，在窗外
大厅里的那个人正在说话
说让人发呆的套话是他的职责

听套话就是工作
坐在窗前，让耳朵去上班
让眼睛去与昙花约会

昙花开了，那位的舌头
比昙花更早的吐蕊
昙花谢了，那舌上的花蕾正在怒放

为什么花的眼里饱含泪水?
这朵昙花的命真苦
一生就在废话中结束!

终于，掌声响起来了
像一群鸟儿扑打着翅膀
从笼子里飞向四方

昙花只是一位会议早退者
不，我更愿意相信
昙花真的没有长过耳朵……

迎客松无语

你来了，我迎你

你只因为看到了我
看到自己，登高的自己

你走了，我送你
我因看惯人的背影
看到自己，自己的孤独

风来了
风与我共舞
可惜啊，你不是风

雨来了
雨与我共哭
真是啊，你不如雨

没有人告诉你
我只是昨天最后一个下山者
还是今天最早一个上山人？

可惜，真不能怪你不知情
你从来没有收到过那封
大山的邀请信……

（选自《星星》2018年7月号）

大地的灵魂（外一首）

赵丽宏

大地有灵魂
那是世界上最顽强的生命之光
我心驰神往的美妙原乡啊

大地的灵魂有色彩
那是永恒的绿色
是青草的颜色，是麦苗的颜色
是水稻和棉花的颜色
是瓜秧和油菜的颜色
是石缝中苔藓的颜色
是屋脊上瓦松的颜色
是池塘里荷叶莲蓬的颜色
是河岸上芦苇芒草的颜色
是漫山遍野竹海的颜色
是随风起伏的森林的颜色
是山泉溪流湖泊的颜色
是山和水亲密接吻的颜色

大地的灵魂有声音
那是云水一样流动的天籁
是报春燕子的呢喃
是欢跃麻雀的喧闹
是布谷鸟天边的呼唤

是百灵鸟云中的倾诉
是青蛙在水田里打鼓
是蚯蚓在土壤里拉琴
是秋分白露蟋蟀的鸣唱
是立夏谷雨纺织娘的吟哦
是咂动的鱼唇
在水面发出梦呓般的颤音
是蜿蜒的流水
在原野上歌唱欢腾的自由
是飘荡的山风
在森林里弹奏不老的古筝

大地的灵魂有香味
那是大自然迷人的气息
是寒风中腊梅的幽馨
是春雨里油菜花的芬芳
是艳阳下稻麦五谷的清香
是绿荫里草莓葡萄的甜蜜
是艾蒿蓬草的甘辛四溢
是栀子茉莉的一缕销魂
是绿水杉清幽的吐气
是古银杏沉静的呼吸
是满山满坡的茶树
把天地间的香气奇妙地混合
在山水间行走
我的嗅觉变得如此敏锐
空气中弥漫着万籁精华
滋润我的肺腑，陶醉我的身心

大地有灵魂

那是天地间最美丽的生命之诗
人的灵魂和大地的灵魂交融时
诗意和音乐就在天地间诞生
人类对大自然的所有观感
都会酿成有声有色的馨香诗篇
热爱大地，珍惜自然吧
如果你的视野色盲
如果你的听觉失聪
如果你的嗅觉麻木
那一定是背离了大地的灵魂

鸟 语

我在富春江的青山绿水间行走
处处听到鸟儿鸣唱
林中有鸟
鸟鸣追着林涛此起彼伏
水上有鸟
婉转的啼声掠过潋滟清波
田野里有鸟
欢乐的歌喉伴着青禾起舞

每一只飞鸟
都是天生的歌唱家
唱在竹林，唱在山坡
唱在绿荫，唱在花丛
唱在河滩，唱在溪畔
唱在云雾缭绕的幽谷
唱在炊烟袅袅的村落

鸟的歌声，在天地间百转萦回
应和着风声水声
应和着万类生灵的呼唤
协奏成天籁的交响

鸟儿在我眼前飞动
一掠而过的精灵
看不清它们的面目表情
它们的鸣唱
却一声声叩击我的耳膜
它们在唱什么歌
它们要告诉我什么
此刻，我就是复活的公冶长 *
在百鸟旋舞的鸣唱中
我听懂了它们委婉的心曲
知道了它们的喜怒哀乐

我听见林中鸟语：
还记得从前的荒凉吗
山上没有绿荫
大树小树都被砍伐
只留下流泪的树桩
还有那些裸露的岩石
连蒿草也孤零零在风中颤抖
我听见水面鸟语：
还记得当年的枯涸吗
河床里没有了奔泻的清流
鸟儿失去了安宁的家园
只有被烈日暴晒的卵石
像遍地焦灼绝望的眼睛

祈盼着降雨的云朵

我听见田野鸟语：
还记得当年的饥荒吗
田垄里没有禾苗的舞蹈
山坡上没有瓜果的芳馥
空气中消失了花草的清香
眼见的是捕猎的网
还有那饥饿的眼睛

我向鸟儿发问：
既然有那么多悲苦的记忆
为什么，为什么
你们在这里流连忘返
鸟儿们的回答
是欢快由衷的笑声：
我们的记忆是过去的岁月
你看看今天的青山绿水
你看看今天的白云蓝天
我们回来，就不再想离开

我听见高飞的候鸟在合唱：
为了躲避冰雪严寒
我们南来北往万里跋涉
为了远离荒芜凄凉
我们追赶着春天的脚步
飞遍浩瀚的世界
阅尽天下的景色
哪里有温暖和平的绿色天地
哪里是山青水碧的鱼米之乡

哪里有生命的欢悦
哪里有自然的丰饶
我们就在哪里栖息落脚

尽情歌唱吧，可爱的飞鸟
我听见了你们的心声
我理解你们的快乐
你们的啼啭在山水间回旋
是天籁的美声
是对珍爱自然的人类
由衷的致谢和赞美
唱吧唱吧，可爱的飞鸟

*公冶长，又名公冶氏，孔子的弟子，传说中能听懂鸟语。

（选自 2018 年 2 月 5 日《人民日报》）

让我们回到三岁吧（外一首）

傅天琳

让我们回到三岁吧
回到三岁的小牙齿去
那是大地的第一茬新米
语言洁白，粒粒清香

回到三岁的小脚丫去
那是最细嫩的历史
印满多汁的红樱桃

三岁的翅膀在天上飞啊飞
还没有完全变为双臂
三岁的肉肉有股神秘的芳香
还没有完全由花朵变为人

一只布熊有了三岁的崇拜
就能独自走过百亩大森林
昨夜被大雪压断的树枝
有了三岁的愿望就能重回树上

用三岁的笑声去融化冰墙
用三岁的眼泪去提炼纯度最高的水晶

我们这些锈迹斑斑的大人

真该把全身的水都拧出来
放到三岁去过滤一次

二过廊桥

紧闭双眼
摸着护栏走过廊桥，两分钟

我来过廊桥了？
我来过海拔一千米悬空的
玻璃廊桥了？

我是从那么高那么陡那么险的栈道
一寸一寸走过来的
一路野花护送，足趾生香
就为了骗过自己两分钟？

必须重走一次，真正走一次
我要试一试目光垂直向下
试一试恐高指数能否高过七曜山

峭壁如削！现在我就站在
峭壁之上的虚空里。惊骇，惧怕
一颗心刹那间落进谷底

左侧悬崖，几疑上过琉璃釉
白太阳还在一遍一遍反复涂抹
微微发蓝、发青

有鸟飞过。其中一只已经两鬓斑白
脸上挂着与我相似的表情
它用叫声撞响石壁
就觉得是岩石在叫，一座天空在叫

苍山如海！这个正午有多宽
我的生活就有多宽

远处石笋河细细一湄
是从母亲深陷的眼窝里刚刚流出来的
白云轻盈如絮，一挂一挂
也是从地里刚刚长出来的
树尖上新叶如花，一团绒毛球球
聚集一股勃勃向上的气息

大地在瞬间向我捧出它全部的好
二过廊桥，一手攥紧心跳，一手攥紧护栏
自己的深渊也不能不看

（选自《草堂》2018 年第 2 期）

沉　默

谢克强

在这个喧闹嘈杂的世界
我选择沉默
你要想了解我　那就请
进入一块石头

这有些粗糙的石头
任凭世俗风雨的侵蚀
或者权势的敲打
由于拒绝　或者坚守
它依然保持初裂时的
粗糙与沉实

就像牙齿咬着牙齿
紧紧　紧紧咬住一些东西
但世界依然故我
以自己原本如初的方式
生存

之所以安然如素
默默　做一块沉默的石头
但在封闭的灵魂深处
自己给自己说话　或许
对于喧闹嘈杂的世界

无声胜似有声

只因　我的沉默
不仅是一块石头的沉默
也是一座大山的沉默
构成世界最坚硬的部分

（选自《诗刊》2018年3月号上半月刊）

芍　药（外一首）

华万里

你是我的红颜
茎上的句子，最美的风中颠倒和恍惚的清醒
一朵完整的夜
有时也称早晨

你浓淡适宜与恰当好处的艳色不在鸟语花香
而在我坚硬的骨头
那里，你在夹缝中挤着盛开，我在一旁
陪你，绽放

我们未能被逼成“心心相印的逃亡者”
如果真有爱情到来
它也决不会
永远，在流放的路上

你的一滴露水，打响了我的魂灵
你的一瓣花光
够我终生疼怜，我害怕的是自己
恐惧的是孤独

爱情狂魔？诗歌圣主？痛苦之王？唉，芍药
我的一切
全由你界定
用你花心的眼，没有阴影的手

夜合欢

现在已经接近黄昏
夜合欢
你是否准备好了含苞待放？

你绽开的刹那，世界惊奇
我惊讶，一个软天堂抽去门闩

满面喜悦，迎接我
你出现
每瓣花，用香洇灭了刺

噢，夜合欢，白日的睡姬
黑夜的美人

我不是疯狂的恋者
我来，只想同你
清谈爱情

（选自《红岩》杂志 2018 年第 4 期）

宿墨与量子男孩（长诗节选）

欧阳江河

2

不期而至的神秘客人，随身带着
三样东西：蝴蝶，宿墨，电解盐。
核裂变的猫
抓起水中鱼，并没有搁在
主人盘子里，也不和客人打招呼。
男孩夜读而不点灯，
因为鱼和萤火虫对换了活法，
任由先生在焚书的琥珀里，
幻化为一小片闪存。
金鱼的凸眼，好像被玻璃人吹过，
里面的金子和水，为佛眼的空无
所盈满，所翳蔽。
从鱼眼往外看，世界，未必是人的样子。
而鱼之所见，能表述为几何吗？

3

思想巨人，需要一个速记员，
以使星际尘埃落在纸上，

需要一枚针灸，
把万物扎到痛的深处。
在海量信息流中，
蝴蝶，闪现了一下。
爱因斯坦从量子男孩身上，
看见真雅各扮成一个假雅各，
以此断定：上帝从不掷骰子，
也不揭开撒旦的秘密。
神在世界的田野中放了一张书桌，
但伏案之人手里并无农具。
何以李白不读，不写？
因为故纸堆里已无薛涛笺。
而你的电纸书，已非今生今世。

8

除了无法形容，再也找不到
更为贴切的字眼了。
大灾变后，老康德也得搁笔，
不死不生，也不抬头仰望，
因为纸上并无星空。
量子人，你就吞下这粒秋水碱的
时间胶囊吧，醒在古长安，
借韩昌黎的险韵、怪韵一用，
且借安眠药的缓释药力，
将胃痉挛的万般别扭
强扭过来。
且令相对论的金鱼去拖地板。
如是我闻：

五百个物理学教授，
顶不过一个爱因斯坦。

10

星群中，天使推了你一把。
克罗内克说：上帝创造了正整数，
其余都是人的工作。
承认连续性，就得到无限大的数字，
拒绝无限大，就得处理非连续性。
小的美好，以及无限小的困惑，
弥漫于难言的袖珍神学。
因为诗的声音逻辑，
新知觉的惊讶以及晨星之美，
这三者的连接形成自由的新定义，
以及新的分离与聚合。
神给量子男孩开了个好账户，
为此，一天生命能活一百年。
巫的时空，以光速切换。
新人，打开一看，是个做旧。
一条鲜活的鱼从冰镇鱼的身上，
蹦跳出来：它们是同一条鱼。

11

独一，并非无双。
（布朗肖说：有两个托拉，
因为必然地只有一个。）

核裂变如此渺茫：
伊比鸠鲁的原子
持续分裂，词，拔出物的神经刀。
词非物，但众词之外空无一物。
尼采回眸，狂怒超出了末日的刻度，
必死，以不死为代价，
取得了双重否定的自否。
赘肉时代，懂轻功的量子男孩
能否凭借烟花天梯，
攀登内心的无上菩提？
斯大林乘老式马车在天空中
听尤金娜弹奏莫扎特。
曼杰斯塔姆坐在铁椅子上，
理发师问他剪什么发型，
他简单地说：
请剪去我的耳朵。

（选自《作家》2018年第10期）

盲　点（外一首）

梁　平

面对万紫千红，
找不到我的那一款颜色。
形形色色的身份，只留下一张身份证。
阅人无数，好看不好看，有瓜葛没瓜葛，
男人女人或者不男不女的人，
都只能读一个脸谱。
我对自己的盲点不以为耻，
甚至想发扬光大，
不辨是非、不分黑白、不明事理，
这样我才会我行我素，事不关己。
我知道自己还藏有一颗子弹，
担心哪一天子弹出膛，伤及无辜。
所以我对盲点精心呵护，
如同呵护自己的眼睛。
我要把盲点绣成一朵花，人见人爱，
让世间所有的子弹生锈，
成为哑子。

我对厌倦情有独钟

厌倦时刻分明一日三餐。
厌倦早出晚归两点一线。

厌倦书桌前半真半假的抒情。
厌倦阳台上一丝不苟的色彩。
厌倦甜言蜜语。
厌倦风花雪月。
厌倦瓜熟蒂落。
厌倦水到渠成。
厌倦阴影虚设的清凉。
厌倦落叶铺满的哀叹。
厌倦口蜜腹剑勾心斗角。
厌倦虚情假意心照不宣。
我对厌倦情有独钟，
循规蹈矩顺理成章按部就班，
让我迟钝、萎靡、不堪，
形同行尸走肉。
厌倦，厌倦，厌倦流连忘返，
把过去的每一寸光阴，
清空。留一块伤疤，
独自刀耕火种，日月可鉴。

（选自《十月》2018 年第 6 期）

新年献辞

大　解

新年伊始，万物在轮回，
希望引领着全新的岁月，已经来临。
我把一年的计划书展开，
勾掉一些，再添上一些，
好了，就这么定了。

我将与生活达成妥协，却又不断地
修改自己的命运。
但秘密终有它玄妙的机关。
我们只有在经历之后才有资格
说出那已知的一切，
并重新预设未知的部分。

上苍保佑，帮助我完成幻想，
扎实而愉快地度过每一天。
如果我在什么地方错了，
知情的人啊，请你告诉我，
我该怎样才会更好，更完满？

新年伊始，我的祈愿和我的实际，
将融合在一起，正如过往的岁月，
那些让我满意的日子，一再重临。

（选自 2018 年 12 月 28 日《文艺报》）

永定河星空

曹宇翔

刚才永定河对岸的山冈
翻了个身，又泥团般酣然入梦
山坡上校舍，旧时营房
今晚我和同伴们住在这里
午夜无眠，悄悄走到楼下空地
我要看一看久违的星星
一抬头，一天星斗又大又亮

没有被光污染的史前星空
在这边，在那边，灼灼之花
细碎花瓣，星星被清水一一洗过
星空的穹庐，盛大的歌咏
像世界中心又似大地尽头
我真切感到脚下的地球在旋转
脸颊微凉，有嗖嗖风声

星光照着岁月也照旅人
青春的梦想，鬓角微霜
几十年我游历了沧桑大地
而星星还在原处竟一动不动
天幕之上该是怎样的另一个世界
星星针孔透出神秘光亮
懵懂人类未知的时空

未见众神踩着星光软梯
从天上降临，也许已降临
只是看不见他们面孔，当夜色
潮汐般从山野和我内心缓缓退去
他们一转身扮成一条河
哗哗流淌，扮成一棵树若无其事
扮成一只鸟，在枝头啼鸣

（选自《诗刊》2018 年 9 月号上半月刊）

江　南（外二首）

李少君

春风的和善，每天都教育着我们
雨的温润，时常熏陶着我们
在江南，很容易就成为一个一个的书生

还有流水的耐心绵长，让我们学会执着

最终，亭台楼阁的端庄整齐
以及昆曲里散发的微小细腻的人性的光辉
教给了我们什么是美的规范

冬天，只剩下精神

冬天，把大地都暴露了
野草枯了，森林光秃了
河水也被冻结封存了
再没有什么秘密可以掩藏了

冬天，把动物的行踪也暴露了
空空漠漠的白茫茫一片
放眼看去什么都是一清二楚的
一点点黑影也会格外醒目

冬天，把人也给暴露了
天寒地冻，再也不能为所欲为了
日子贫瘠，也没什么可炫耀和自得的了
人心底的那点念想也遥不可及了
人活着，就剩一点精神了

这点精神，就暴露在天地之间
这点精神，就是人的一口气
仿佛荒凉的村子上空还缭绕的那一缕炊烟

我是有大海的人

从高山上下来的人
会觉得平地太平淡没有起伏

从草原上走来的人
会觉得城市太拥挤太过狭窄

从森林里出来的人
会觉得每条街道都缺乏内涵和深度

从大海上过来的人
会觉得每个地方都过于压抑和单调

我是有大海的人
我所经历过的一切你们永远不知道

我是有大海的人
我对很多事情的看法和你们不一样

海鸥踏浪，海鸥有自己的生活方式
沿着晨曦的路线，追逐蔚蓝的方向

巨鲸巡游，胸怀和视野若垂天之云
以云淡风轻的定力，赢得风平浪静

我是有大海的人
我的激情，是一阵自由的海上雄风
浩浩荡荡掠过这一个世界……

（选自《延河》2018 年 8 月号）

生活已足够悲苦（外一首）

潘洗尘

我承认自己脆弱
所以怕极了朋友圈
传出的各种噩耗

生活已足够悲苦
谁都会有那么一天

所以轮到我时　恳请
我至亲至爱的朋友们
不发讣告
不悼念
也不回忆

那我也知道
你们是爱我的！

何况　平时大家就很少见面
谁也不说死了
就等于活着
这样多好

没有对错

做过很多错事
不能忘　但也不想说了

但有两件
是做对的

23 岁辞去公职
44 岁再辞私职
尽管那时
我对地球离开谁都会转的
这句话
还不甚了了

但现在
似乎只剩下一件事了
等那么一天
再向生命请辞
没有对错

（以上二首选自《草堂》2018 年第 9 期）

北京泡桐入门（外二首）

臧　棣

半米以下，二月蓝比它娇嫩；
微光点燃花影，但慢慢燃烧的东西
其实并不那么容易辨认。

一米以下，鸢尾比它妖娆；
幽蓝的召唤，如果我不曾凭借我们的牺牲，
你如何能埋伏在这样的盛开之中。

两米以下，连翘比它更善于触及
感官的秘密。艳黄的手势，
横竖都是我们落后于你曾非常自然。

三米以下，海棠随便一个转身，
它都会显得笨拙。位于小巷的出口处，
迟钝的原因中，喧嚣和尾气仿佛都不是杀手。

四米以下，　它不是樱花的对手。
它不缺少花团，也不缺乏锦簇，
它缺少的是，我们必须给它一个绝对的理由。

五米以下，即便春雨有点脾气，
山桃花的优势也比它醒目，
就好像它的高大，反而反衬了我们的失败。

六米以下，玉兰的花心比它端庄，
哪怕看上去懒洋洋的，花瓣也应是刀片；
除非人类的麻木，掩盖的已不是我们的伤口。

无辜者入门

太阳照常升起来之后，无辜者
并未露出更清晰的棱角。
大地裸露着，但又不是
春天没尽到披挂的责任。
圆明园附近，匆匆看过去，
草地的外表依然残留着
去年秋天的土色；但又不是
苍生的陈旧已锈毁得
完全无法辨认；一旦俯下身，
夹杂在大片枯黄草茎下
新冒出的绿意便触目可见——
它们主要由蒲公英的呼吸构成。

我还从来没见过这么又小
又嫩的蒲公英，比这几天
新上市草莓的蒂把也就大了
那么一点点，还没来得及
对称桃花的骨朵呢，几把小铁铲
已将它们连根斩断，掀翻在
松软的泥土上。动作很熟练，
但又不是出自职业习惯——
干这事的，是附近居民楼中的

几个退休老者：未必知道《唐本草》，
也不一定读过《千金方》，
但说起蒲公英入肝解毒，
舒筋固齿，无不头头是道；
且加上老姜皮后，小火适当煎煮，
甚至能奇效到抑制癌变。

而我的疑惑非常勉强才不等于
我有点无辜：就不能等到
它们长得大点再挖吗？
蒲公英的无辜，表面看
很简单，但实际上却很暧昧——
它们可食可药，慷慨得就像
刚刚反驳过谁说天下
没有免费的午餐。其实，
就药性而言，等到四月再采，
作用会更明显。手里拎塑料袋，
退休老者的无辜，仿佛也经得起
早春阳光的照耀。不就是
提早半个月挖了点野菜吗？
反过来，大地上要是没有人
弯下腰，那问题才严重呢！

我欠你一个伟大的哑巴入门

初春的天空，湛蓝得
竟然像草原上的初夏——
一点也没假象的意思；
这只能意味着，在兰波预言的

我即他者中，你的缺席
已越来越严重。除了奇迹，
爱，不可能是别的化身。
除了爱，有些东西竟然
好意思取决于我们竟然
还没有崩溃。除了化身，
让我们以爱的名义，再狠狠
欠彼此一点东西吧。
我欠你一个生活的真相——
那里，尽头的指路牌上写着：
宇宙欠你一个我们来到
这个世界的理由。你欠世界的，
除了风景，没人会知道。
再挖一下，现在的无土栽培
确实有点意思。我欠你
一个理想的男人，用花梨木雕出的
细长的手指，用核桃木固定好的
硬度如此美妙的脊骨；
我欠你一个伟大的哑巴，
因为人类的语言根本就不足以表达
我对你的非凡的感情。
我欠你一份迷恋，除了死亡，
其他的不朽，都不足以媲美
你在我们的苦痛中
经受过的真善自我怀疑。

（选自《人民文学》2018 年第 1 期）

姓氏如花（外一首）

耿　翔

包括我的母亲，已经活到
没有什么，可隐藏的年龄

但姓氏，那个从土城东边
带到西边的姓氏，却贴心开成了
隐藏在身体里的花朵。只有上辈子的人
回头看不见了，可以唤上两声
而能听见的，多是从身边
刮过来的风，或死亡了的
一些庄稼

她们的姓氏
只在一纸沉重得，无法再次
盛开的婚书里。中间为太多的事件枯萎
也为身边，一些不幸离去的亲人
一次次谢落。而能剩下的
一些残枝败叶，等待一块
石头复原

包括我的母亲，姓氏如花
只能在墓碑上，最后盛开

像给土地挂号

带着一身的病，和乡村里
一身的痛，他们来到西安

他们是我，远在乡下的
一些穷亲戚，身体里有多少病
土地会一清二楚。而我难得一见的他们
没有不带着，被重金属腐蚀过的
要害器官，反复向医生诉说
吃的，是乡村里的粮食
喝的，是乡村里的水

他们身上的，高血压
让我和西安的血压，在这个冬天里猛升
也让医生，不知道开些什么药
才能从这些身体里，给我们
生活着的土地，排出毒素
他们的可怜，是病了
才来到西安

在西安，带着一身的病
他们啊，像给土地挂号

（选自《草堂》2018年第4期）

金属光泽（二首）

刘笑伟

铁　钉

都说“好男不当兵
好铁不打钉”
那年春天
我来到部队时
就是一小块生铁吧

新兵连是火炉
顶着烈焰
在刺骨的风中大汗淋漓
火越烧越旺
炼出军姿　炼出正步
炼出标准的军礼
我已浑身通红
热度已穿透火炉
偏偏被排长又加一把火
紧急集合的光芒
刺伤漆黑的夜色

没有感受到锤击
却分明听到铁锤的声音

日夜在耳畔回响
条令的煤 纪律的碳
让这火苗越来越旺
我快融化了吗

终于那一天
有军徽的帽子
带列兵军衔的军装
如一道绿色水流
从头到脚贯穿我全身
或许这就叫淬火
一道青烟升腾
体内那个地方青年
彻底离我而去
新兵下连
我的身躯冷下来
渐渐有了金属的光泽

是的
我已经是一枚钉子
可以穿透任何坚硬的事物
让对手感到永久的疼痛

手榴弹

木柄的手榴弹
压缩着浓黑的硝烟
和一万年前暴烈的阳光
手榴弹 静止在阴暗的弹箱里

像一枚沉睡的化石
期待着阳光和缤纷的花雨

手榴弹的指针
永恒地指向死亡
它的沉寂是一团黑密的云
包裹着声音的核
小小的核是静止的
几吨重的声音在里面沉睡

密封的拉火环
像一只命运的手指
藏在生命中隐秘的部分
没有光的日子
手指弹动着死亡的音调
那炫目的乐曲
掠过手榴弹内部的郁郁丛林
和军工厂的那段黑色的走廊

手榴弹 想象着健壮的肌肉群
所甩出的圆满的弧线
一阵惊人的烟缕从木柄里涌出
她怀抱里的一切
都将在极致的辉煌里
刹那间凋谢

（选自《解放军文艺》2018 年 3 月号）

春夜举报（外一首）

姜念光

这个春天，许多事情，已经发生
西方举报东方，少数举报多数
心举报身，绿举报红
老实人，举报冒着热气的地瓜
撞了南墙的行人，举报满天星

我支持牛粪，举报鲜花
但反对人渣，举报人
人渣，当然也可能被举报，如果
因为爱情，如果他们改邪归正
稀脏的人也可以取一个芳香的笔名

一丛鲜花举报开放的天堂令人欣慰
一个孤绝的人举报全人类让人担心
幸运一些，还能看见
被泡过的姑娘，举报雨中红伞
雨后有个哑巴拾阶而上，举报彩虹

在春夜，轮到我疑神疑鬼
不是医生却要举报：人有病，天知否
不是值班的气象员，但一直
仰望着天穹反复琢磨，要不要举报
那个表面温和的人，私自养着一场暴风雪

（选自《星星》诗刊 2018 年第 12 期）

金　黄

已经到了这样的时候，金黄
十一月的丰收的金黄，自我的金黄
告别的金黄，挽留的金黄
往事低吟的金黄
也是株连的、失望的金黄

曾经在春夜里激越的，而今
被束之高阁的金黄
曾经从血液里飞奔而过，又
各归其所的金黄
果树们肩膀靠着肩膀的金黄
平息了不安的蜂群的金黄

热爱词语的警惕的金黄
思想和伤病一步步逼近的金黄
目光久久注视的肉体深处的金黄
燃烧过整个夜晚的灯芯的金黄
佛主坐化的金黄

从工匠和牺牲者当中意外现身的金黄
多年的沉默在一个中午提起来的
金黄。不是用来叫喊而是
用来忍的，疼痛的金黄。不是用来忍
而是用来流的，泪水的金黄
被证明可以不跪的膝盖下的金黄
咬着牙的、最后咽下去的金黄

已经到了这样的时候，金黄啊
不再呼救了，羞耻心！多么安静

（选自《诗刊》2018 年 7 月号上半月刊）

饶过岁月（外一首）

曲　近

岁月不饶人
那么，我且饶过岁月
不管它有没有过错
是否曾对我苛刻
我都一笑置之
原谅一切
曾经的无奈
曾经的挫折
一笔勾销，全都放下
那些纠结，那些不舍
红尘滚滚，大千世界
作为过客，我
有什么不可以释然

饶过岁月，就是主动和解
对峙，会让世界更加撕裂
高处的爱，亮出人间烟火
温暖，冰释一切
相信，悲欢亦可轻描淡写

（选自2018年第7月21日《华西都市报》）

一个人的黄河
——悼马新朝兄

觉得写诗有点孤单
就写书法给诗作伴
一生只做这两件事
研血为墨
纸上留痕
守着黄河，书写黄河
细数黄河的日出日落
一点点让脉管里奔腾的血液
或一泻千里
或落地成歌

一个人在河边
走走，坐坐，或者躺下来
头枕涛声
听河水述说
而更多的时候，以沉默
沉静于一粒沙子内思索

中原大地，岁月蹉跎
几十年爱恨情仇，都铸进你
一个人的黄河
一首诗，熬干了你全部的心血

（选自《上海诗人》2018 年第 2 期）

在云南澄江县抚仙湖（外一首）

龚学敏

攥成拳头的蓝，把神仙说话的口气，
捶成天空。

人世骑马而过，
恣意的马鞭草一误再误，把来路，
和归途，一概抽打成路标中，
油漆冬天的鸥，死给
在风中怀孕的孤岛。

神仙在玉米地中发育。
阳光里滚落的黄色南瓜，绊倒在
女人的边疆。一碗粗糙的蓝，
用喝酒的方法，生儿育女。

单车死去三回，我才把一株女人
种活。
不停梳头的铁皮船，
用救生衣的头皮屑一遍遍说谎，直到，
夜幕三合。遗一合，
像是天空下腹的细软，说实话，
而后，后世无人敢以霾为名。

在去甘洛的绿皮火车上

创可贴的雨打在夏天的皮肤
捻成羊毛的线在白昼的叫声上，被夜
泡胀开来。

盘踞的长发在割开的时间上筑巢，
打更的鸟用铁轨剃头，算计
夜的大小，和土豆的死活。

隧洞的安眠药停靠在蜘蛛
用矿泉水凝成的眼睑上。
绿色的电潜伏在一捆捆的夜幕中，
直到把江河跑小，用灯光喘气的
钢铁，在山上的桉树中蜕皮。

辣椒停靠在坨坨肉开门的每一个站口，
用仅存的河水在木碗的酒中睡眠。

傍着火苗生长的创可贴，
收割苦荞的村庄，和途经露水时
打湿的方言。

绝色的籽，被隧洞的刀切开，
站台的无名指上，
大凉山的发辫，被茶走过的雨水
击中，长出羊子们满坡的回音。

（选自《诗歌月刊》2018 年第 3 期）

怪　柳（外一首）

汪剑钊

美有千万个化身，
纤瘦的妖娆，丰腴的雍容，
更有沉鱼的轻灵叠加落雁的魅惑，
闭花的绮丽蕴含羞月的神秘，
少一分就会改变世界的恰到好处……
但奈曼的怪柳陡然颠覆了日常的经验，
越出常识柔媚的向导，
娉婷的女子幻化成罗丹干瘪的雕塑，
审丑是现代主义的残酷美学。
相传是前朝的遗老，
另一说是科尔沁草原走失的孤儿，
实际，她们是盐碱地的土著，
营养不良，但正常地生长，
残余的枝干倔强地蓬松着嫩绿色的披肩发，
懵然不知异乡客大惊小怪的感叹。
怪柳并不是胡杨的翻版或嫁接，
尽管她们以姐妹相称，
不求漠然的永生，
也不期望所谓千年的不倒，
叶子像鸟羽纷纷飘落，
给惊叹一个坦诚到赤裸的回应。
我俯伏在弯曲的树身，
聆听水的流动，

意外获悉孱弱的身躯蕴藏小小的野心，
当绿衫褪尽的片刻，
嶙峋的灵魂以傲骨撑起美的自由。

（选自《人民文学》2018 年第 12 期）

施茶亭

长濂，花瓣凋落的季节，
鸟声也在风景中隐匿；
我远离都市的喧嚣，
穿过竹林，作别三圣聚的香枫，
爬上向阳的山坡，
只是为了表达一个致敬，
求证旷野里生长的伦理学。

霸道的酷吏，炫富的土豪，
行侠仗义的剑客，漂泊的浪子，
随风散作记忆的粉末；
走远途的脚夫，朝圣的香客，
赶考的举子，精打细算的商贾，
被历史的大车驮载远去；
而歇山顶的亭子还在原地，
简陋，谦逊，沉默。

我看到鹅卵石垒砌的基座，
木横梁因为老旧而显得庄重，
青条石的台阶暗自嘲笑飞檐的张扬，
想起曾经的石柱、石凳，石桌，

一壶山泉冲泡的茶汤，
六只粗瓷的大碗，
倒映出一位老人的慈悲，
一则泥土站立成大山的故事。

（选自《诗刊》2018年6月号）

最后一天（外一首）

人　邻

最后一天，我应该自首
我这一生有多少荒谬，
多少无知、愚蠢
虽然此时，说也无益
只能秋草一样
对苍茫大地伏下肉身

最后的日子，我必须自首
如此，才能心安
才能饮下最后一口苦茶
且在白纸上写下：容我想想
想想，是否还要转世
还要来生

最后一天，大地慈悲
会容我想想，再想想

（选自《草堂》诗刊 2018 年第 8 期）

割　草

心最狠的人

用什么
割草

没有镰刀
也不用

在那人眼里
镰刀不算什么
再锋利
也不过是镰刀

那人只拣选那最干枯
最细瘦的一根草
就用这草
轻轻一割
秋天啊
就茫茫地
落了下来

（选自《星星》2018年第2期）

渡　口（外一首）

阎　志

秋天深入到湖水之中
微风都可以让人战栗
渡口还在
波澜依然不惊

长椅上的张望
只等来岁岁枯荣
沉入湖底的疼痛
与所有人无关

早就应该走进
落英缤纷的山径
因为最深的丛林
往往就是最远的江湖

也许在另一个渡口
在岸边的芦苇中也有个人
迷蒙中看到秋风才起的湖面
有人踏波而来

克洛姆罗夫的城堡

热闹的城堡没有烟花
只有那些金色的小花

散落在草丛中
伴着钟声盛开

伏尔塔瓦河匆匆流过
中世纪的思念
已在桥下的绿洲上
长成一棵树
甚至是一块石碑

南波西米亚的风刚好吹过
只是远处半山上的城墙
已没有人在注视
山下红瓦一片
模糊了圣维特教堂的塔尖

唯有山坡上的金色的花朵
每年依旧盛开
像是在等待
也像是漫不经心地盛开着

（选自《诗刊》2018 年 10 月号上半月刊）

大　雪（外二首）

宗焕平

一场大雪让历史在现实中复活

大雪从天而降，大雪从天而降
大雪落在苍茫的群山上
大雪落在垂钓的湖面上
大雪落在古典的长亭短亭
青砖灰瓦红墙
飞翘的檐角、抖动的枝条上
落在老物件和旧时光的斜坡和断面上
落进摄影师精心筛选剪裁的构图
画家审美的画框

世人对从天而降的事物
总是秉持截然相反的方向——
不是无限悲伤，就是大喜过望

其实，喜不会从天而降
悲不会从天而降
它承受不起　这么多的指责和赞扬
天，原本是空的
它无处存放这么多的重量
它无非　是把从人间取走的东西
重新还给了这个世上

（选自《诗刊》2018 年 6 月号上半月刊）

擦　拭

闲暇时，我哪里也不去，取一块
细而软的棉布，专心致志
擦拭家里的老榆木家具
一遍一遍擦拭
特别是，那些角落、皱褶和缝隙
我知道，它的内部，一定有
许多异物和旧的时光暗藏
包括一些痛，一些伤
一些思想和锋芒，以及委屈
即使弯腰、曲膝、侧身和劈腿
也不易全部清除，而不像
壁橱、柜子、桌椅的表面
轻轻一拭，就能光洁如初
世上许多事物，大抵也是这个样子
比如，坚硬的东西，往往要用
柔软的方式面对
隐匿的事物，通常要下细功夫处理
再比如，清洗面部是容易的
而后背上的脏物，若不借助别人的手
很难自己彻底搓去

（选自《新华诗叶》2018 年春季刊）

北京是一片甲骨文

有些城市很容易走近
只要住上一段时间，甚至几天

就能轻松走进她的内心
北京，不行

北京的许多城墙很厚　胡同很深
许多大门　总是关得很紧
深宅大院　是靠不近的龙门阵
北京下次雪或者飘场尘　都是新闻
北京，北京是一片甲骨文
无论我多么一往情深
仍有许多文字无法辨认

我在北京生活了二十四年
依然找不到她的边缘
北京的边缘很宽
多少次，在茫茫人海里
我会突然听到久违而熟悉的声音
那么近，那么真
回头找寻
却总也找不到喊我的那个人

但是这一切
并不妨碍我在这里扎根
而且会扎得很深
至今我仍操着浓重的乡音
与她对话
不知不觉已满头华发

（选自《长安》2018 年第 1 卷）

走进秋天（二首）

张庆和

看　秋

被风呵护着
被雨滋润着
被太阳照晒着
被鸟儿呼唤着
季节就这么长大了
长大了就成了秋了

秋在田野里金黄
秋在果树上馨香
秋在脊背上流汗
秋在小院里繁忙
秋不肯在城市里留步
要看秋吗
看秋就要追上去
就要迈过那道篱墙

篱墙上结着瓜豆
篱墙内喂着鸡羊
篱墙是挡不住人的
只要心里没有篱墙

想知道真的秋色吗
就要跨过那道屏障
去远方走走，站高处望望

行走在秋天

行走在秋天的风里
心情依然翠绿
花朵是次要的
开不开都行
香不香都可
只期望那枚硕硕的果子
继续做成熟的梦
待鸟儿啄破果壳
让籽粒落在地上
作为种子 叩响春天

（选自2018年9月10日《中国自然资源报》）

植树的少年（外一首）

马淑琴

一个十一岁的孩子
领着一捆树苗上山
他说，他是替出门打工的爸爸妈妈
领绿色的词上山

其实，他也是从小学课本里
被领出来的一棵小树
一棵留守在家的小树
和爷爷奶奶相互守着
和七亩地相互守着
和玉米谷子相互守着
黄土顺着他细小的腿
爬上去　护着他发芽儿

一捆绿，太重
他气喘吁吁
他要把爸爸妈妈欠下的那一份绿
也扛到太行山上去

他是怕山上的小树
像孙儿一样孤单
也怕山上的大树
像爷爷奶奶一样冷清

想在太行山上
种出一大家子的森林

他领着一个动词一捆形容词上山
要让大树底下长出小树
小树旁边长出一棵大树

回到家 他给爸爸妈妈打电话
他说 爸爸妈妈
山上的树不再孤单了
我把它们的爸爸妈妈
或者孩子 都领给它们了

（选自《东方少年》）2018年第3期）

莲乡莲香

莲是前世　荷是今生
在湘潭 在莲乡
前世与今生归于一处
你的盛开
才如此盛大与隆重

有如你的节日
谁能配享这百里莲海的盛景
千顷碧波泛起汹涌的花潮
空气在莲乡飘成香风

我站于古桥之上
看见一支莲
乘昨夜的东风
穿越唐诗宋词而来
开成玉环的一袭红裙
或是清照月满西楼的罗衫
为今天的盛放领诵

我轻抚一支莲
拥抱莲乡的风情万种
无穷的想象泛起莲漪
飞鸟衔着一枚枚新词
填成一曲新的“爱莲说”

在莲乡 莲的脚下没有污泥
有着庄稼扎实的根和土地
莲子在莲蓬的穹庐
埋下坚实的伏笔
荷叶的翠盘轻托阳光的寓意

在莲乡赏莲
如同找到一条圣河的源头
如同朝圣
因为人生的跋涉
只为缩短
心与一朵莲的距离

（选自 2018 年 6 月 1 日《人民日报海外版》）

我和西湖的关系（外一首）

杨　墅

西湖之美，原本是外在于我的
可是，自从二十多年前的一天起
我就和她发生了
密切的关系——

那是我的蜜月之旅
（像许多人那样，我也
未能免俗，到人间天堂去度婚假）
——带着我的西子湖一样的娘子
来看西湖的美，看
美人和美景相互映衬，相得益彰
我们的爱情，自然不是
在西湖边萌发的，但毫无疑问
西湖边，留下了我们长长的满满的足迹
尽管许多足迹覆盖上去了
但我们的足迹，永远不会消失

就这样，我的西湖记忆
很大程度上变成了爱情记忆
每次来看西湖，就是在
重温我的爱，回放我的情
很多次，我是一个人来看西湖
但我并不孤独
——想起当年情景，正是我们的
爱，才使得孤山不孤……

有时，我一个人
轻轻地兴奋地来看西湖
然后，又依依地悄悄地离开
一个人来看西湖，往往印象更深
因为身边似乎一直有另一个人存在
陪伴我，漫步苏堤、白堤

三潭可以印月
我爱的人印在了我的心里
柳浪喜欢闻莺
我最喜欢听恋人当初的笑声……

（选自《上海文学》2018 年第 9 期）

巴丹吉林岩画：人面像

这里的人面
虽然不是
桃花一样的人面
但也不是
与狮身相伴的人面

这是主体的人，大写的人
人已经觉醒
他是世界的中心
世界在他手里
一天天改变模样

（选自《人民文学》2018 年第 12 期）

二辑　实力方阵

把握一星火光（外一首）

唐　诗

在书本上享受完甜言蜜语
世界变得坚硬　我在物质的峰峦
攀登　思想的泉水
溅满每一片疼痛的岩石
一个精神的细节　足以耗费
我一生最耐磨的时光

无法看清　语言在坚硬的物质
中间变软的模样
无法看清　柔弱的诗歌怎样
一笔一画地变得强大
我手握火种深刻地倾诉

不要小看那一星火光
往往最强大的东西
就是从最弱小的撞击或燃烧开始

离开阳光的日子

许多时候　阳光其实
总在向我们提示着黑暗

一旦离开阳光　我们
不再抱怨阳光是热情的泛滥
笼罩我们的
是无边无际的黑色
虽然手边的词语还在熠熠闪光
虽然瓷瓶的本质依然明亮

一些不该发生的事情
阴暗地滋生　乌云遮没了
星斗般的脸群
峥嵘与混淆　四下弥漫
就连窗外的蛙声
也如一片燎原的谣言

此时我们开始怀念阳光
开始诅咒阳光的背叛
我们多么希望
看见睡眠中的鸟儿的眼睛
看见它们眼睛中
保存尚好的晶莹露珠和婉转歌音

离开阳光的日子　其实
就是体会与苦难共存的日子
就像眼前的一茎荷花
沉默着　却浑身都是阳光的痕迹

（选自《火花》2018 年第 1 期下半月刊）

细细推敲人间（三首）

董进奎

独　奏

用一根绳切割另一根绳
制造风声
一缕线投入另一缕线

蜘蛛独处
只为涟漪有孔
喜欢翩翩翅膀，丝丝入扣

一把好琴坐进黄昏

高山流水

拿一个人说事
摔琴不如截指
拨弄山水成精、惊心
一走了之

弦只是一根悬挂的绳
可晾晒，比如一只轻歌曼舞的黄鹂
可记事，一个扣不行，再结一个扣，扣死

也可垂钓失控的人

如果把曲子收回，塞入胸腔
山只是一块加码的石头紧紧压住一潭水
与琴无关，让琴陪葬
琴死，一根木头看清行走的腐朽

弦，这缀满音符的藤条
本性——色彩、纠缠，也交响

淡

一条河
置于篝火之上
壶水蒸腾
云雾捕捉我山川般的胸膛
呼吸细细起伏
抚摸屋檐下一窝雏燕的呢喃
一把玉黍
一撮青叶
撒在破损的汉陶
点击，古风的音韵
饲养了几只鹅、数只兔
还有我，一起舞蹈
淡之又淡，熬尽了火
一瓢水的人生
滋养多种嫩芽
一样情绪

（选自《人民文学》2018 年第 7 期）

纱窗上的蝉（外一首）

李　皓

你不作声
身体里却有巨大的悲鸣

纱窗有时候是稻草
有时候也是陷阱

我看见过那些抖动的尾翼
它们是多么不自量力

悄无声息是一种很好的活法
你我，世界，三者都相安无事

清晨，在龙子湖畔听雨

一滴雨，分成两瓣
一瓣落在现代时尚的窗棂
一瓣落在古典幽雅的门楣

清晨，在细雨声中醒来
一定是龙子在淮河的梦里走过
梨花带雨，而月季和雏菊泾渭分明

我是哪一个朝代的书生?
面对一面白墙黯然神伤
我该怎样写下对你的思念

古戏台上那些名伶影影绰绰
黄梅戏里的李公子
布衫早已被唱词淋湿

开一扇窗，细雨绵绵的眼神
正随着一两只白鹭
在那些古树上起起落落

那分明是一个又一个故人
执伞，款款打江南而来
翩然消失在某一幢老宅子里

我听到琴声了，在西厢墙外
我听到锣鼓声了，昨夜湖上的明月
多像一面铜鼓，等着伊人来敲

（选自《椰城》2018 年第 12 期）

月下沉思（外一首）

高金光

生活总有最美好的时候
就像十五的月亮
有最圆满的时候

我来这尘世已五十春秋
日出日落的履历中
见惯了月降月升、星隐星显
借今夜月色，梳理流年
阴晴雨雪度过，酸甜苦辣吃过
喜怒哀乐经过
长长的记忆中，一度对
阴和雨、酸和苦、怒和哀
刻骨铭心

而现在，感觉每一个日子
都是晴天。睡梦中
有时会笑出声来
习惯了甜的食物
美的景致，习惯了喜讯萦绕
耳边，习惯了安静祥和，其乐融融
冰雪与霜寒，早已烟消云散

幸福久了，需要提醒幸福

这是朋友说的　昨天
若不是他从远方打来电话
我差一点就忽略了今夜月光
此刻，月真大、月真亮、月真圆
月的光辉，已经照彻了
北方　南方　大地　山川

这是新时代的月光
亲切温馨中还有浪漫
我相信，它会一直照耀着我
人生的路还很长
剩下的五十年
我将见证更多奇迹

我是一个感恩的人
谁创造了这美好的生活
我用一生铭记

又见秋天

我喜欢秋天
每年这个时候，都会
从夜晚的一缕凉风中
从清晨草叶上的一滴露珠中
从一枚飘飘摇摇的落叶中
感知到秋天的来临

我喜欢秋天，并不仅仅是
拒绝夏天，拒绝那种闷热和浮躁

拒绝冬天，拒绝那种冰冷和严寒
而是真的喜欢秋
喜欢她的凉爽、沉静、恬美
喜欢她的成熟、端庄、优雅
每个人都有一种气质
也许，我的气质与秋天隐隐契合

当然，可能还有其他因素
潜伏在内心深处
只是连自己也不一定察觉
譬如喜欢花生、玉米、稻穗
譬如喜欢山楂、红枣、苹果
总之喜欢饱满金黄的粮食
喜欢瓷实滚圆的果实
这种幼年的记忆，无法泯灭

我喜欢秋天
其实是喜欢丰收的日子
喜欢大自然狂欢的景象
喜欢普通人家殷实的生活
就像今天的样子，不再是幻象

秋天到了，我又笑了

（选自2018年9月11日《河南日报》）

总会有一些词要烂掉（外一首）

方文竹

一大早　钱珊珊炖了一锅鸡
客人们来了　小小的客厅茶香烟浓　挤满——
欢乐快餐　多变的中年　一个男人对一个女人表达的
细罐　汉陶　望帝春心　小灯盏的深度开采

外面的一声巨响　像天地突然张开的巨口
炸翻了话题
坏了坏了　钱珊珊忘了看火候
炖成了一锅粥

生活的盛典　字迹潦草　模糊　变淡
总会有一些词要烂掉
像酸辣苦甜从味觉上渐渐消失
那是谁呢　迷恋于打捞　抢救　起死回生
在一个烂掉了的词里吃喝拉撒
这些年我磨砺词锋　做着一篇奇味文章
无人阅读的世界依然完好如初　口若悬河

（选自《星星·诗歌原创》2018 年第 1 期）

破阵子

月牙湾的夜已深　孤独　宁静
世界已被收编

四周布满铡刀和陷阱

将野心收一收
将梦网撒下去

将帝王的听诊器销毁
将天下的沟壑一一抹平

日月星辰　高朋满座
怎敌黎明的一阵风　空空的黎明的怀抱
马匹奔跑　仅剩下了匹
黄铜仅剩下了黄

（选自《草堂》2018 年第 11 期）

海　鸥（外一首）

冬　青

它们是散漫的
像刚刚逝去的光阴
礁石上漫步
浪峰上洗沐
捡拾波浪破烂的忧郁

命运是有根底的
曾经和未遂的美好
溺死在一滴海水里

它们列纵队
逆时针画圈
对付冷血的时间

羽翼扇动
义无反顾的绝望
越过死 越过波浪
密不透风的深渊

冬之呓语

岸边的残雪 呈鳞片状

蔚蓝的海面下 隐藏无绝衰的静谧
寒风唱起肃杀的歌

我一个人走在海边
脸被刀割
汹涌的波涛 无法将我的忧郁 送远

（选自《上海文学》2018 年第 8 期）

椰子树是伟大的思想家（外一首）

马启代

饭餐后，沿日月湾散步
天色将晚未晚
大海忽然平静下来
仿佛海仙们都跑进了灯火璀璨的夜市
一排排椰子树沿路站着
它们哪里也没去
笔直，高大，纯粹海南的样子
沉默，安静，好似正在沉思

刚刚，我双手捧着一颗硕大的椰果
贪婪地吮吸着汁液
此时感到，仿佛领受了大自然的馈赠
它们就是伟大的思想家啊
要知道，作为思想者
面对海啸和台风仍如此毫不畏惧地昂首挺胸
一想到人，我就无地自容

题百里长川诗歌馆

一厘米一厘米的金黄、嫩绿、桃红和梨白
都逐次开过
一公顷一公顷的阳光和雨露

都铺天而来
鸟声蝉鸣以及蝶飞凤舞绝不缺斤少两
跳跃的溪水和无数飞禽走兽肆意的拐弯和断行
……
我们知道的这一切
在冬天都被一座诗歌馆所收留
百里长川诗歌馆就是一部浩瀚的百里诗歌长卷
它还收留了天南海北的花香鸟语海光山色
走进来
仿佛进入一座精神的隧道来探险
在薛家湾，准格尔，内蒙古，中国……
诗歌再次成为一个地标

（选自《山东诗人》2018 年秋季卷）

霜降书（外一首）

洪　放

之一

我沉湎于那些花，霜降之后
它们开始枯萎。而在此之前，它们曾被红烛
照亮，或者成为影子的一部分
包含哲学与诗意。

除了花朵，我什么也不能热爱。
酒正在飞，道路被缩结
从此荒凉。
从此成为一个活在生活里的
木鱼，断桥，水与
琉璃台

之二

好多年前，我经过大漠
霜降正在胡杨的根上游荡
我写起过一些名字
唱起过一些歌谣

后来，我将它们一一清除
途中的人，荒坡上的人

生涩语句中的人
棉花正好，洁白而温暖

之三

向南走，栀子沟开始断流
夜来风吹，风水里说——
注定在这一天，你会听见
碎陶与耳鸣

那个满沟跑着的孩子
拿着耳朵，跨过枣树
他被一颗枣子噎死
后来，他

出现在所有的白天与
夜气里

万圣节书

这个夜晚，我躲在房间里
我紧闭门窗，打开灯，让房间里雪亮
我端坐在椅子上，或者来回踱步
我精心布置，看似慌张
其实却无限的宁静
我必须守到午夜时分，虽然从未相约
但我清楚，在交界的那一刻
才可能听见你的脚步声
才可能看见你清瘦的面孔

我总是难以想像你从前的面容，只定格着
你最后的无力却望着我的眼神
这个夜晚，或许你会过来
或许你正跋涉，或许你在路上停下步子
我让门窗紧闭，我明白除了你
没人谁能进来。一百多个日子了
我真切地梦过你两回
一回你走在山路上，神情落寞
一回你从老家后园的菜田里带着一只
小甲鱼回家。唉！
午夜时分，我必须睡着，睡着了才能
成为道路。我计算着你的行程——
你必须回到故园，看看正在病中的母亲
和坐在母亲床头的父亲。
然后你去小学，去中学，去……
和一花园的401。孩子正睡着
你必须看看，那是你的骨血。
还有你的妻子，从前她诸事不问，如今
独自操持。你也不必太留恋
水远山长。你得再去看看兄长，看看姐妹
——我本想坚持着写完这首诗
可是，可是！我只能戛然而止！
这人世的悲苦啊——
这宿命中的宿命！

（《诗刊》2018年11月号上半月刊）

雪（外二首）

田　斌

你的造访，精灵般
轻，柔，闪着光
你这来自遥远深隧
而又无从考究的天使
飘是你的仪态
是风的琴声与歌唱
你站在冬的深处
神一般寂静无声
你缓慢而坚定的步履
向下

你的颜色与风骨
人间罕见，可爱至极
在乡下的田野，小麦和油菜
都张着嘴，伸着舌头
迎接你爱的初吻
你这爱的祝福与礼赞
像寒夜里的天穹，繁星点点
覆盖村庄，小路，旷野

瞧，雪飘落在雪上
醒来的早晨，人们晶亮的眼睛
瞩望远方飞升的希望

翻晒记忆与乡愁

（选自《人民日报海外版》2018 年 11 月 10 日）

走在通往山坡的小路上

走在通往山坡的小路上
不用指
这路我熟

那么多坟墓挨着坟墓
不用指
那坟我熟
路边的油菜花金黄
小草青青，随风摇曳
我熟悉这一切
每年清明我都要来这里
偷偷地，下一场雨
把墓碑上的字，看一遍
把墓碑上的人，看一遍
好像这样，我才能熟悉自己
才能，安心一点点

（选自《诗刊》2018 年 6 月号上半月刊）

逮　鱼

记得小时候

你最喜欢做的事
就是春夏之际
暴雨后去沟渠里逮鱼
那时候，一下雨
沟渠里的鱼多的是
鲫鱼、鲶鱼、餐条、小杂鱼
你只要在下游扎下网
在上游筑坝
干了的沟渠里
到处都是活蹦乱跳的鱼
忙得你上蹿下跳
就像沟渠里的鱼
一会上，一会下
只是你不知道
你才是一条快乐的小鱼
穿梭在时光的河流

（选自《北京文学》2018 年第 7 期）

迎春花（外一首）

杨泽远

每一根浅绿的枝条上
都爬满了金色的蜜蜂
你从它身旁走过，即使挨得很近
也惊不飞它；而且还能听到
嘤嘤的铜质的声音。这声音
使人想起乡间的唢呐，是
那么亲切，让人动情。仿佛
每一个细小的音符，都包含着
鲜亮的吉祥和温软的轻风

迎春花，处处开得令人感动。这
一朵一朵金黄的小生命，仿佛在
天天开会讨论，如何把大地
尽早叫起，把万紫千红
尽早唤醒。之后
一块儿去京城报喜，说祖国的
山山水水，都已布满了，生动的
令人欢欣鼓舞的风景

不爱大海的人不多

海昼夜忙个不停，太劳累了。

因此一有空就抓紧睡觉。
小的打扰，它从来不吭不理，
比如微风吹拂，渔民捕鱼。
但若有人无辜把它惹了
它会发急，它会忽地立起来，
和你争吵，甚或与你拼死。

海好朋友。谁来它都欢迎。
所以它力大无穷。
它不爱管家里的琐事，比如，
大鱼小鱼，打架争食
所有海里的生物，都是它的孩子
干脆让它们，自己管理自己

海爱做梦，海鸥常在它的梦里飞翔
它有心事、秘密，从来不掖不藏
它经常与渔船或游艇之类的宝贝谈话
尤其爱与沙滩拉家常，它还经常地
对着欠柔性的礁石和岸石发脾气

海是个大家族，在地球上
它占百分之七十的疆域，
它们很团结，对谁都一视同仁
可谁真的不讲理，乱来，它会
毫不留情地把你埋葬。
可以肯定地说，不爱大海的人，不多！

（选自诗集《城乡风情交响曲》，河南人民出版社 2018 年 8 月）

树影摇晃（外一首）

亚　楠

先前，村子里的狗
一直在叫
也不知因为什么，吠声
忽高忽低，强弱
就像低电量的扬声器
湮没在夜色里

主人都不知去了
哪里。虚掩的院门被
树影摇晃
与狗吠声一起

在空阔中缓慢拉长的
时间忽明忽暗

许多时候，风
是凝固的思想。在阔叶林
密集的伤口
把澄明留住……请不要停下来
等带一次夜钓
让心绪比夜色明亮，也比
大地安宁

西江月

水在云中流淌
还是从前
穿过的黑石峡
一直向西流淌。远处
大湖里的怪兽
像哑谜
整个夏天，水都充盈
奔涌的灵感

在另一季。静穆
带着魔笛，从岩洞里涌出
惶恐的起伏
若一股潜流落满了
黑色箭镞

（选自《星星诗刊》2018 年第 11 期）

建设者（二首）

赵克红

官厅特大桥

我的目光骑着鹰的翅膀
在大桥上空云端俯瞰
一条彩带飞架官厅水库南北

八个造型优美的横梁横跨水库
为主桥镶嵌出别致的风景

登上大桥
春风料峭撕扯着我的衣襟
踏着万顷荡漾的碧波
一伸手就能扯下一绺白云
建设者们正在专心工作
脸上满是汗水冲刷的印记
彩带在他们手上生根
又随着旋转的气流飘舞飞升

他们长年
固守在旷野与大自然角力
年复一年重复着单调的劳动
远远望去，凝重的背影大山般沉重

一个个小小的黑点
就像铆在桥上的钢钉

他们与黎明一起醒来
把自己融入霞光、融入旷野
他们用汗水浇铸钢铁桥梁
用憨厚的微笑褪去脸上的风霜
他们像秋天的稻菽饱满而内敛
把岩浆般炙热的情爱
铺展成桥面的平坦和流畅

一位黧黑的小伙子悄悄对我说——
京张高铁通车那天
庆典上也许没有自己的身影
但无论走到哪里
那 350 公里时速的呼啸
一定会夜夜在我的梦里准时出现

筑路工

安全帽和工装满是油污
黑红的脸膛纹满阳光的亲吻
他们像一群身着迷彩服的勇士
将雄踞的大山切割穿透
让钢铁巨龙俯首帖耳
驮起一道道闪电纵横驰骋

他们顶着骄阳
凸隆的肌肉石头般坚硬

他们远离喧嚣，远离城镇
在人迹罕至的荒山僻壤
默默诠释着奉献的内蕴
烈日、疾风、严寒
主宰了常年栖身的荒山僻岭
几个月不能与亲眷团聚
同孤独对峙，与寂寞抗衡
在朝思暮想的孩子眼里
俨然是天外归来的太空客人

手指比钢钳更有力
身板比山石还坚硬
笑对冰霜雨雪的剥蚀
接受滚滚车轮的碾轧
献上血肉丰满之躯
扛起满载幸福喜悦的车流
他们挺起古铜色肩膀
把中国速度托高、再托高
让一条条现代丝绸之路通达全球
在亿万人心中延伸、再延伸

（选自《中国铁路文艺》2018 年第 12 期）

月照昆玉河（外一首）

萧　松

柔情被剔去以后
冬夜就只有骨头了，如刀闪光

一泓湖水，从颐和园走来
在夜的目光里流淌
从前躲过的风云
舍不得遗弃，已经收藏
码头的灯光还亮
再大的风过来
体内，也掀不起惊涛骇浪

往事如烟，黑白无常
大大小小，哪能相忘
想起船桨，想起紫薇蔽日
想来想去，总是觉得不期而遇
比如约而至更让人感到
这个世界小得
只剩下一个月亮

寒风又起，冷月清凉
昆玉河朝着自己的流向

（选自《诗歌月刊》2018 年第 4 期）

喝着喝着就醉了

明月，抬头便是
秋风飒飒爽爽，把你我环绕
一缕思绪掠过
想起的美人已经变老
此刻，赏识还早

酒，一壶接着一壶
话也没完没了
只要提到旧时光
欢乐气氛里
了却了多少烦恼

围桌共语事与物
皆为今宵
摇摇晃晃又何妨
一群同路人，自在逍遥

莫问心情好不好
夜色撩拨，直叫人五迷三道
喝着喝着就醉了

（选自《珠海文学》2018 年第 1 期）

心颤（外一首）

刘高贵

春来 总是时令向北 脚步向南
总是一过淮河
就能看见绿水青山
水是活水 总在低处流着
山是连山 它弯下腰去
给大路小路都留下足够的空间
一次次 我在这样的路上
故乡就在眼前
最先认出我的
肯定是田埂上晒太阳的荠菜
最先叫我名字的
肯定是白云里绣花的云燕
它们不叫大名
叫的是连我自己都快忘了的乳名
它们一叫
满地的春风就跟着边跑边喊
等到村口老槐树也喊了起来
我就忍不住一阵阵心颤

盐

是谁 将时间的珠玉

敲打得如此细碎
又是谁 在月光底下
晾干了自己的汗水和泪水
晚风歇脚处 青草们
将绿一直铺向了天边
梦乡里 左一处 右一处
都是穷人的草垛和谷堆
趁天色尚早 杜鹃们
总想顺着自己的叫声飞得更远些
我翘首远望
竟想将白雪梅花一起找回

（选自《河南诗人》2018 年第 4 期）

穿黄工程（外一首）

吴元成

一开始，我是丹江里一尾红尾巴的丹鱼
后来，我觉得自己是黄河里的一朵浪花
或者一粒细沙

当盾构机在河床下掘进
金刚石刀片打磨出一条新的河流

过丹江小三峡返乡

两岸青山，一定句读过徐霞客游记
一座新桥，不到半分钟
就穿越云岭、太白、雁口三峡

从江东到江西
正修秦巴公路

一轮圆月朗照
红叶默默无语

（选自《诗刊》2018年4月号上半月刊）

父亲的名字（外一首）

髯　子

这些存放在书架上的书，你都包上了
牛皮纸书皮。书中
是另一个人间
你这么爱书，我有时觉得
你去了书中，依然当小学语文老师
“把生字、生词煮熟，让孩子们吃”
依然住单身宿舍，自己洗衣、补衣，做饭、熬药
依然把报纸、杂志、书
捆好，踩上凳子搁置高处

书皮上，你的名字
也经历了青年、中年、老年
最后也有病了，笔画虚弱、颤抖、歪斜
当我拂去尘埃
见字如见你，父亲
你走后
我把“张学奎”三个字，叫父亲

秤砣是爱情的棋子

也许从左端，一块一块滑向了右端
让爱情失衡

也许听到了唢呐的高音，或者一首歌
着火的部分，也许
撞到了流星，遇到了走街串巷捏造黄金的人
它们发红、变形了
成为钟：以铁打铁
成为刀鞘和刀：一个是口，一个是舌
成为矛和盾：一对冤家、敌人
成为铁质的凹和凸：一对婚姻的模具

当然，由于形似
极有可能在一盘没有输赢的残局中
顶替你我，做了卒子
因受人摆布而天各一方
又因不能悔棋而一错再错

（选自《草堂》2018年第11期）

高山蓍草（外一首）

张映姝

草原被一道铁丝网分割
两个世界：这边，那边
或者：大蓟，蓍草
这边，大蓟浑身是刺
护卫着紫色的娇柔花蕊
那边，蓍草漫成白色、粉色的云
我小心翼翼地穿过去
我还要拔掉手指上的九根刺
这片蓍草不能为自己的命运占卜
我的未来，也不能被它预测
九粒血珠被它安慰
更有可能，那些粉色的花
吸纳又释放了它
我，像初生的羔羊
缓缓走向它

沙　参

我们沿山路蜿蜒
山路随盛开的大蓟延伸
风轻柔地吹，如婴孩的鼻息
此刻，辽阔是世界的表象

就如隐隐的雷声，隐匿于厚厚的云层
就如远方的山巅，雪崩就要爆发
致命的一刻。我们不会被辜负——
浅紫的风铃，摇醒了山坡、松柏
摇醒了小憩的喀喇峻
我们的短暂平静，再次被摇醒
草原上，万物都不会亏欠我们
如同光一样公正、仁慈

（选自《青年作家》2018 年第 10 期）

我固执地等待着一场雪（外一首）

张润生

我固执地等待着一场雪
像小学生守在班主任办公桌前，等待着老师
在白纸上写下《操行评语》

我懂得，所有纯洁的事物都无需证明
而雪花再纯净、再洁白
也证明不了她自身之外的任何事物

有人说，雪花是软弱的、虚幻的
再厚的积雪也逃不脱污浊世界老谋深算的套路
在光芒与阴暗的同谋合围下，冰雪
只有不断退缩、消瘦，直至露出惨淡的白骨

但我依然固执地守候。等待着一场瑞雪不期而遇
从一个漆黑的夜晚开始，在黎明前
抵达所有的山峦、河流、森林，覆盖辽阔无际的田野

我陶醉于天空与大地交换信物的幸福时刻，大雪无痕
为你尽洗人世浮尘
我喜欢纯洁而简单的世界，喜欢这世界所有卑微但纯洁的
动植物、小生命

我相信，大雪就是上苍颁发给这个世界

最珍贵的品行鉴定书

见到兰州

见到兰州，已经是几十年之后
我来，的确是来得晚了些
好在赶到冬天第一场强势寒潮来袭之前

你知道，兰州一直在等你
就像你一直想念兰州一样
可是，当你步履轻轻、两手空空的时候
你却不肯就这样轻薄地约会兰州

兰州，在你的梦中一直占据着
神秘的位置。你想象中的兰州
和所有的城市都不一样

你心头的兰州，已被历史幽幽的墨香
和西北秋夜那冰凉的月光交织浸透
焕发出一种魔幻的色彩
兰州女诗人眼里“那低矮的灯火、入城的羊群”
成为最贴切的寄托

如今，积攒了足够的阅历、沧桑、世故、尘烟
以及不愿再与秋风或冷雨诉说的那些萧萧落叶的往事
你终于来了，见到兰州

午后的阳光，像好客的主人
送来一见如故久违的问候

先沿着川流不息的母亲河，把兰州仔细端详
铁桥连接的两岸，两千多年的画卷逶迤蜿蜒虚实展开
慢慢辨识曾遗失在字里行间熟悉的身影
找寻自己前世遗落的足迹

轻轻翻动的浪花，每一朵都发出湿润的叹息

（选自《绿风》诗刊 2018 年第 2 期）

秋天的姿势（外一首）

柴立政

秋天不经意间走近了自己，写一首
赞美诗吧。渴望的风景，伸向了远方
那牛群、那羊群，是很好的素材
放在什么地方，都会带来愉悦和欢乐
土豆与甜菜暗地里使劲，茁壮成长
是贯穿的主线，常给人们意外的惊喜
风，是细节。正在吹黄胡麻桃子
莜麦铃子，并在树叶上鐾刀
还有那鸟的啁啾
一声连着一声，眼神跳动着光芒
深入到一个季节的深处，呈现出的
姿势，总是感人的，让心情燃烧

藏　香

走进小城口菜馆。《甜蜜蜜》就飘进耳朵
在靠窗的位置面对面坐下
便是看一眼，再看一眼之后会心一笑
照例是要点一份灌闷凤爪的，还有
黄桃和海棠水果拼盘。以及炖老豆腐
开吃时，以酸奶当酒碰杯
祝福在慢慢老去的日子里，端着

一片月色，浸润着曾经的夜晚
瞅着街上的行人，匆匆忙忙的。喟叹
人的一生，有多大一部分是不属于自己的
此刻过后，打开内心幽暗的通道
一朵随心而开的花，参与了绽放

（选自诗集《匠生活》，春风文艺出版社 2018 年 1 月）

失　踪（外一首）

唐德亮

总有一些东西
在体内走失
失踪的光阴
再也无法打捞

那团失踪的白云
被风卷走 不知流落
那一座山巅
失踪的爱情 不知
被谁捡拾 成了他们
稀世的珍宝
失踪的歌声 藏在
心灵深处 不知哪一天
蹦出胸膛 迸射
异样的光芒

失踪在泥土
或以草，花，乔木的形式
再度冒尖，美丽，秀茂

失踪在天庭
或变成一双眼睛
凝视人间冷暖阴晴

失踪的魂 一旦遇见火
便会将对方燃烧
用短暂而绵长的光
照亮漫漫来路
与迢迢前程

穿山甲的肚子

多少万只蚂蚁
才能喂肥一只穿山甲

善良的蚂蚁　勤奋的蚂蚁
做梦都不曾想
自己会成为别人口中的美餐

无论蚂蚁军团多么强大
终究不敌穿山甲柔软的舌头
风卷残云　眨眼
了无影踪

螳螂在前　黄雀在后
穿山甲不知道
它自己也被一双双的欲眼
四处搜猎　他们在把自己变成一只
贪婪的穿山甲

（选自《广州文艺》2018年第6期）

人　参（外一首）

丁　白

人参是孤独的
长老了才能相会
晒干了才能拥抱

每一棵长成人的样子
储存着养命的物质
要救人时
就把它放进水中
泡一泡，加热煮了
吃下去，让它
变成鲜活生长的样子
在人身体里跑

桂花香

莲花落
桂花香

这一季的春风
这一季的夏风
都被这一季的秋风带走

南瓜从这块土地上长成
丝瓜从这里爬上高高的围墙
桂花树，从这块土地上长出茂盛的叶子
开出绿色的小花花
把土地里蕴藏的所有的香氛
都送上枝头去

这个八月，随着日子开始清凉
桂花开始盛开
一夜香似一夜
一树香入一庄

（选自《鹿鸣》2018年第5期）

站在小井沟山头（外一首）

温　古

风有长长的腿，站在山野里
就是一棵安静的树
雷有红色的根，拔出闪电
就恢复为一朵镇定的云

任何疯狂，山岳都见识过了
岩石不曾动摇过驻守永恒的决心
而一只孤零零的大雁，疲惫地飞过时
一堵高傲的悬崖，也低了一下头

当我挨着白云坐下时，我也给
身边爬行的虫子让出了一条路
庄周说：列子御风而行，仍有所借助
上帝的眼里，我正现出原形
静静地还原为另一只痴呆的蚂蚁

悟到这一层时，山峦好像刚刚醒来
白桦树晃了下身子，甩掉了耳朵上的尘土

岩画，野牦牛

石头里的深夜，仍有热度

太阳撤离之后，一具肉体在燃烧
它有足够的角力，撬起这硕大的岩石
但岩石借永恒的力量
稳住了世界

现在整座山，成了一头牛的基座
矿脉的咆哮呼应着群星
如果我们传承了祖先的精髓
即使再深的历史
总会选择一个时机喷薄而出

凉下来吧！让雄心贴着石壁凉下来
相信每一块克制的石头，都曾经燃烧过

（选自《草原》2018 年第 1 期）

画　眉（外一首）

王芬霞

我在画眉
画成弧形
画成了弯月
你就在那一弯月下
枪 泛着清冷的光
你与枪一样
有金属的质感
边关冷月
正在稀释你周身的
热量
遥远的风
带来了你的温情
我在画眉
画成了一座隆起的山
你就在雪线上徒步巡逻
群峰中
你是最高的山
天地间
你是最亮的星
你用深深的脚印
丈量国境线
你一腔柔情
抚摸界碑

我在画眉
把眉毛再画浓一点
让它在寸草不生的
地方
成为参天大树
成为森林
为你遮风挡寒

（选自2018年11月15日《甘肃日报》）

六月的沙枣花

还记得东仓湾湾里
那一棵棵沙枣树吗
金黄的沙枣花
清香弥漫十里之外
端午节
家家都会折些沙枣花
插在瓶子里
把香气关在门里
把一家人的心都变成金黄
让身体都充满清香

黄色的小花
摇着金色的童年
秋天一串串红红的沙枣
让东仓湾湾生出夺目之美
吃下甜甜的沙枣
就有了沙枣树的性格

沙枣树
耐旱　不惧风沙
早春的一场大风
没有刮倒我
沙枣树
已生长在我体内

（选自《北京文学》2018年第12期）

象头山（二首）

陈海强

在象头山当兵

在象头山当兵是幸福的
每天，你都能听到群鸟歌唱
每天，都有深沉的绿
覆盖你的心灵
哪怕训练的日子很累
你也会说，在象头山
当兵是幸福的

在这里你最容易体会到
祖国的美丽
象头山四季披着流动的翡翠
小金河在它的脚下蠕动着
还有品种不一的矿石
标明象头山丰富的内心

在象头山度过三个月后
我要去遥远的地方
抚摸这身磨薄了的军装
我的内心开始泛潮
尽管只是短暂离开

但我的内心总为没有
写出赞美象头山的诗歌
而不安

风吹象头山

风吹象头山
象头山更高大了
在冬天的军营
风也吹着我

我的心是宽敞的
我的军装一尘不染
我知道，这一切
都是风带来的

在象头山，风把持枪的兄弟们
吹到一起，又把他们
吹到祖国的每一片土地
风把迷彩的青春
吹遍南北东西

一年年，风就这么吹着
一年年，风保持着美丽
当然，风也是象头山的女儿
在这里当兵的人
都珍藏着她多情的细语
脱下军装，也不会忘记

（选自《橄榄绿》2018 年第 6 期）

看见白鹭（外一首）

雁　飞

看见白鹭，就想变成一块水田
亮晃晃的，映照禾苗的倒影
变成一条牛尾
晃悠悠的，摇动时光的涟漪
变成屋角，忽隐忽现
变成大地，一片葱茏

最好，也变成一只白鹭
面对这一切，低低的飞起
又轻轻的落下
缓缓移动，成为一种慢
单腿入定，成为一种静

（选自《诗刊》2018 年 7 月号下半月刊）

只有青草焕然一新

点开微信朋友圈
表妹的感伤，赫然映目：
日子过得太快了
一晃，亲爱的妈妈走了五年了
我不禁泪水涟涟

是呀，岂止太快，也很久了
久得岁月足够荒凉

我刚才去过的那片墓地
就有好几座坟墓
因年代久远没入山坡
无迹可寻
山坡只是山坡
杂乱、荒凉、寂静
只有青草焕然一新

（选自《星火》2018 年第 6 期）

三月之上（外一首）

李爱莲

三月之上，树木静悄悄地生长
晨露滴在叶子上，浸润的惊和喜

根在延伸，努力朝着你的方向
枝丫像是被风打开的翅膀
高过屋顶
让一只鸟获得新的高度

太阳越过地平线
海面上落满了星星

三月之上，叶子盲目而生动
新鲜的脉搏正从自己的体内向上生长
企图长出一条河流与你汇合

（选自《诗刊》2018年10月号下半月刊）

雪

最高的山
一生却无法挣脱雪的包围

雪的轨迹不像流水
它们的眼睛里埋葬的欲望
和驱赶的欲望把山变成固定的影子
它们是战士，而山是隐士

它们在喜马拉雅虚构悲剧
在珠穆朗玛峰排序布阵
它们在香格里拉覆灭厄运
在贺兰山蓬勃生长

雪的处世之道就是永不妥协
不朽的人类
对这个稀薄得可怕的冰的空气一无所知

（选自《当代诗人》2018 年第 4 期）

桥（外一首）

袁雪蕾

身为桥，总是弓身扛着
水面上的事情

并不介意
旧人度过新桥
新人度过旧桥
之后，还是不是
同样的人，同样的桥

它漠视自己的倒影
一个把魂魄浸泡在水中
永远上不了岸的人

其实也想
抓住一根救命稻草
或是乘上一艘乌篷船
离去

钟　表

急急匆匆的
不一定走投无路

慢慢吞吞的
未必是因为迷惘
这些数字和针
兜兜转转，相安无事
互不挡道，互为补充
因为
它们把所有的时光
扛在身上

（选自《岷州文学》2018冬季卷）

手电筒（外一首）

李建华

昨晚，我将身体里的人性之光
装进手电筒
送给了陌生人
之所以这样是因为黑暗囚禁的我
被上帝遗忘，但那么多手电筒
用交错的光，在梦里砍杀而来
为我劈出了一条路
手电筒是一把与众不同的钥匙
前面出现的黑暗
是一扇光明的大门

病床是最后一段躺着走的路

我们在雷雨中
去看他最后一眼
最有能力的管理者叫杜冷丁
已经管不了他
病床上的挣扎在空中
乱抓乱喊，抓不住的时间
已不完全属于北京
住院部倒过来念就是不愿住
就像在鲨鱼的撕咬中

实习地狱里的生活
灵魂出窍的时刻，仿佛要抢回
肉体的碎片
病床是最后一段躺着走的路
当喊出的疼痛消失
他留下了一片没有体温的空白
——病房的窗玻璃
有了从天而降的泪痕

（选自《天津诗人》2018秋季卷）

抵　达（外二首）

王小林

从高原出发
向更高的高原行进
酥油灯照亮前行的路
转经轮带你走过道道坡坎
彩色的六字真言
在任意的高度为你唱着赞歌
玛尼堆像一双双深情的眼睛
注视着你，目送你远行
你心里清楚
只有匍匐得更低
才能站立得更高

一片叶子的江湖

一片叶子落下来
就是一个江湖
她迈着橙黄橙黄的步子
蹒跚地飘落
她的内心装满春风秋风
也盛下太多春雨冬雪
丰润的茎脉
仿佛可以看见她曾经的青涩
使你无法判断她是青涩时更美

还是现在更美
没有一片不落下的叶子
就像没有一个江湖
不像落叶一样
波澜不惊

在西泠印社迷路

小小的天地
大大的世界
在西泠印社迷路
那是很自然的
从正门进去
自印人书廊移步
一步一景
一亭一景
一山一景
一条路通往一个致胜的景
走在文字的小径上
贪恋很容易使人迷失方向
而我今天就不幸迷失了自己
数度寻景而去
数度由遒劲刚韧的文字牵引
因此一个人也数度迂回在起起伏伏的山间
从一个门进去
先后走到三个出口处
在西泠印社迷路
再去还必须从正门进出
那才是正道

（选自《海燕》2018 年第 2 期）

乌　云（外一首）

伊　路

堵车了
我就把车窗外一棵小树的命运看出来
那扭曲的纹 畸长的桠 这么小就有的痛苦表情
你知道那是怎么回事
山坡上的别墅如一堆堆废弃的空贝壳
海滩却很拥挤
还有被海呕吐出来的死鸡和垃圾
那些开出来就被踩烂的野花不知道今天是节日
一旁叶片长长的草向我摇动
像要告诉我有关那棵小树的一些事情
又像是招呼那只野蜂 或另一株草
或只是不由自主地摇摆
说明一切的关联并不直接表面
一棵树能长到命定的高度就不一样了
比如那棵杉树
枝梢的神态 像和远方说话
人能懂多少
偏我看到乌云 被碧蓝的天压在山后
车还在堵
我的心更堵
我把这堵的心 放在那山后的深谷中
和所有草木一样等待一场大风

至亲的关系

母亲逝去后
我才感到她的联系是多么广大 细密
陌生人的一句话 一个行为
一阵风 暴雨 瑟瑟发抖的树叶
都使我痛苦
夜晚我不把窗帘全关起来
不愿隔开朦胧的路灯 摇着影的花草
我看着远方入神
默默的山 缭绕的云雾
都触动我的心
我把放在阳光里的棉线袜子
穿在冰冷的脚上
立刻就有了被慈爱双手拥住的温暖
你散在一切里让我感到你
使我与无限有着至亲的关系

（选自《福建文学》2018 年第 6 期）

某日清晨（外一首）

北　乔

某日清晨，一朵荷花截住我
讲述夜晚水的梦
这是一个事件
我不是那个失眠的人

栏杆与阳光缠绵
月光只能与月光一起寻找失踪的人
有一辆马车在收拾小镇的心情

晨光中的蒲公英
昨天，牲口唇边仓皇逃生
今天，又把自己想象成
在水边洗濯心情的白衣姑娘

烈日会来
让一切魂飞魄散
大风也终究会来
按倒一切的蠢蠢欲动

昨夜的那场雨
只是打湿了雨本身
昨夜有雨吗
雨也不知道

我寻找一个失眠的人
但愿那个人是我
而我
从来都不可能失眠

（选自《星火》2018 年第 3 期）

树，或者树下

我朝山顶的树走去
身边有数不清的树，大树，小树
脚下
干枯的树枝发出脆裂的声音

山顶的风很大
树叶在欢呼，或在颤栗

树上蓝天白云
树下是我
我想盘腿坐下
可
远处有人叫我快些下山

（选自《诗潮》2018 年第 1 期）

巴丹湖（外一首）

白爱青

我宁愿这是一个冬天
有雪，让我可以更为从容地看你
在你的身边坐下来，亲近你
湖水不结冰，也不起一丝涟漪
我跃入，又以草的形象再出生一次

那个弯腰汲水的女子是我呀
那个濯足轻唱的女子是我呀
那个叹息、轻轻惆怅着的女子是我呀
水要开花
而我，以草的模样漫溯

花鸭游呀游
水鸟飞呀飞
在这向晚的徐风里
唯有你呀
是我心动的理由

四十岁以前

遇到过一些人
有的是陌生的

有的继续陌生着

写过一些信
有的跌进空谷没有回音
有的落回心里　戳伤自己

去过一些地方
有的从车窗一闪而过
有的反复到达　反复离开

穿过一些隧道
有的是短暂停顿
有的成为天黑的可能

（选自《诗歌风赏》2018 年第 3 卷）

桃花朵朵（外一首）

徐必常

在春天的修文
三月的烟雨忙着自己事
一群遗老遗少忙着口占
桃花各自忙着招蜂引蝶
谁家的婆娘在拼命装嫩
而我却忙着心不在焉
谁该像桃花一样活着
阳雀春早，我就觉得春天为时尚早
那株被她插在她发际里的桃花
即使没了根系也比她动人
那一株老掉牙的桃树一遇春天就泛红了
而我一遇春天就迷茫了
注定是再忙活也不会活明白
即使对一朵花儿也刨根问底
春光易逝人生易老
谁能像眼前的桃林一样
老掉牙了还能桃花朵朵

家　书

没有家书不等于我没有家
无话可说不等于我没有话

亲人们不在左右不等于我没有亲人
懒散占有了笔墨，我决定不去追讨
不开口并不等于我开不了口
狮子张开的嘴，全是我内心的欲望
我不是圣贤，永远也不会是
就想让家人少承担一份唠叨
能值千金的：欲望和世俗
它们总是铁石心肠，一直用铁武装到牙齿
我的门牙时时被打掉，但谁也不知被打掉
咽进肚子里的
除了苦水，就是产生苦水的过程
想对儿子说什么最终什么也没有说
生活已经够婆婆嘴了，还有一把钢刀的心
我要为儿子留足时间，拆除家书这最后的羁绊
放下虚无的纸和笔，做一位父亲是该做的事情

（选自《四川文学》2018 年第 4 期）

狂欢节狂想（外一首）

孙　萌

今天，北京的云很灿很炫
树用高音C唱出一条路
通向一座不夜城
红光绿光蓝光照亮的狂欢节
鳞次梯比的小屋，人影攒动
我在寻找一个身影

灯火通明的舞台中央
古希腊喜剧正在上演
喝葡萄酒的男女主角都是成年人
他们在插科打诨中谈着恋爱
在荒诞不羁中掩藏自己的脆弱
怕受伤的心再次被灯火灼伤

去他妈的文雅，去他妈的羞怯
成年人只要粗野只要直接
只要快活只要喜乐
离落幕时间已经不多
鸟人展开翅膀
飞向云中鹁鸪国

大气中飘来香气
熟悉的背影，闪着白光的头发

伸开双臂走向我
狂欢节睁大眼睛
看着我们在云上飞

墙上的爱情

墙上的女人捂住胸口
向人们讲述她的故事
另一面墙上的男人看着她
中间隔着汽车和马路
把他们连在一起的是我们的视线
他们把星星与灯火连在一起

墙上的故事走着
历史走着，星球走着
凉鞋里钻进一颗石子
我感到了一座城市的美与痛

（选自《东方文艺》2018年第6期）

初冬与女儿登鸡鸣山（外一首）

冰　水

在山里我们偷听神的声音落入陡峭。
新篁发枝，草木吐露。仿佛
所有平坦的路都是一汪春水。

空谷鸟鸣，带着瓦蓝呼吸，代替风
从城东之远，从山南光影
停在一首诗上。

我爱你。梦是爱之上的恒久。你
带给我新的命名，拽着我，
在你叩敲门扉的时刻。而我正等在
你赶来的路上。

雨中游千佛山

世事无相，未知岂非一尊佛？

雨帘托起久封的经卷。
石头度我，我是可见之物，
溪水度我，我是可感之事。
我以化世之心
洗心，洗面，洗去业障。

佛睡雨中，佛即是雨。
群山有寒冬的肋骨，袈裟舞动
烟云如神迹。一尊弥勒
笑口常开。

轻易不说出口的词语，在千佛山，
默念一遍又一遍。

（选自《诗刊》2018年9月号下半月刊）

音乐女神（外一首）

许劲草

音乐女神
为何偏爱你的子民？
赐予他们
驾驭弦、键、管的天赋
在木头、金属、丝线、皮革上

说吧！你给他们的手
涂抹了什么仙露？
轻颤的手指如蝴蝶的振翅
怎么可以
在木头、金属、丝线、皮革上
变幻羽毛落地的声音？

你可与众神签订了契约？

你的子民，抖动的手指
如悬停时蜂鸟的翅膀
怎么可以
在木头、金属、丝线、皮革上
划出比闪电还快的速度？

你的子民，跳跃的手指
如对峙中锦鸡高昂的头颅
怎么可以
在木头、金属、丝线、皮革上

展现攻击的果断与力量?

你的子民，滑动的手指
如温热沙漠里滑行的蝮蛇
怎么可以
在木头、金属、丝线、皮革上
演示水的律动与流畅?

你可借了自然神的万物?
你可借了宙斯的雷霆万钧?
你可借了阿芙罗狄忒的柔与美?
你可，可是将他们
也收服成了你的子民?

你用这些
木头、金属、丝线、皮革
将我的灵魂招集而来

我的灵魂
聆听着悸动着匍匐着愉悦着
纵使你让我悲伤
但我会流出感动的泪，快乐的泪!
如果你让我欢乐
我是真的要手舞足蹈
漂浮起来了!

但我有深深的不满!
为何偏爱你的子民?
赐予他们
驾驭弦、键、管的天赋
在木头、金属、丝线、皮革上

（选自《中国作家》2018年第6期）

年轻的大提琴家

——赠安德烈亚斯·布兰泰利德

挺拔的鼻子
大卫的侧颜
薄薄的嘴唇抿作一条漂亮的直线
浅栗色卷发散射着奇妙微光
低垂的双眸沉浸在深邃的海洋
每一帧画面
恍若卢浮宫一件珍藏
美与力，融入
大理石般温润与刚毅
弓弦沉沉低语
像温暖有力的手
托起眼睛扶住额头
不让我的泪水落进
这一首协奏曲

（选自《诗刊》2018 年 5 月号下半月刊）

一枚落叶（外二首）

心　亦

深夜，一枚落叶的沙沙声，
惊了含窗的寂静……

这枚极淡的影子，羽毛孤独的影子，
轻轻撣去了，我身上，白昼落下的微尘。

瞬　间

北风白了，寺庙的黄昏，把双拳攥了又攥
方丈头顶，极短极短的白发茬上
一粒雪花来不及出声，就没了踪影

寺院的清晨

悬垂的钟，弯曲的寂寞，沉默倒扣的杯盏。
布方阵的经文，在细数木鱼的鳞片或清脆的步点。

一片竹叶，指引骤响的钟声，拐了一个大弯。
蚂蚁驮着晨露，踮着脚爬上了皂角树干，
似在凝神偷听着枝头的鱼群默诵经卷。

（选自《禅》诗刊 2018 年第 6 期）

冬　雨（外一首）

林秀美

渴盼的大雪终究没有来临
低处的溪水和花蕾若隐若现
没有去路　不知归途

房屋伫立于深山
像你　深陷于巨大沉默
内心的期盼如身旁高低的树木
高是期盼　低是坚守
目送是一生必做的课程

当天地岑静如秋
当隐匿的白高悬于夜空
不觉间　雨水再度降临
一滴覆盖着另一滴
像要包裹过往
像是清晰着疼痛

（选自《福建文学》2018 年第 12 期）

影　子

身边的影子
总在阳光下出现

而我
总是把影子
当做光芒燃烧后投射在大地的植物
而把不同的影子
当做另一种光芒

那些黑色形状影子
或左或右　或前或后
或长或短　或大或小
执着地前行
它更像另一种世界的花朵
以最低的姿势匍匐大地

有些时候
我努力站直身体　影子
仍然弯曲 不规则　变化着
还有些时候
我绷直了身体
却无法找寻身边的影子
而此时，太阳挂在正当空
或者
所有的光亮开始关闭
黑夜里我虚掩了自己

随行的影子
阳光下构筑着黑色
映衬着阳光
让光明在黑色中越发清晰

（选自《北京文学》2018年第10期）

紫砂壶（外一首）

潘新日

让我们走进陶土的恩爱　打开茗香
为茶寻找绿色的浓荫

紫砂是茶叶的远房亲戚　江湖动荡
开水跑了好几里山路　带回
一大串发胖的地名

壶中煮着乾坤　婆娑的月色
掉进一朵花的陷阱里
让倒立的甜美发出真香

煮过的岸好长　连着花草
紫砂翻出四季阳光
在重生的惦念里
养活　一大片闲置的云彩

不谈国事　只讲一壶水
浓缩的家长里短　还有
唇边　用味觉围起来的青草味

都在倾诉　没有人在意
一片叶子　已耗尽心血

天台石梁

倚在两山之间的那道梁
像是卧佛
有度人的心怀
悬崖陡峭
丑陋的怪石正在和老僧一起
找到石头的隶书

翠谷深不见底
唐诗在花岗岩做的桥上开花
伸出栏杆
接纳南来北往的朝露
在渐黄的月色里等人

白的石灰岩，还有
细碎的砂岩都会让裹着春风的
飞瀑，迎风流泪

修竹插满山野
翠绿的露，可以酿酒

（选自《诗潮》2018 年第 10 期）

半张脸（外一首）

段新强

半张脸，半个
意味深长的月亮，在寻找

长夜里醒着的石头，抵挡露水的
完整的石头

一个瞬间被分开——世界上多出的
相互的质问

捂住的那些语言
也开始流于表面：已经
逝去的青春呵，流经九曲回肠的
酒，已经湿润的

半张脸，面对着另外的
一半

（选自《重庆文学》2018 年第 7 期）

搁浅的月亮

你有时从脚手架上升起，有时

从集装箱上升起
有时从铁皮房上升起
而有时，是从污水沟里

找不到柔软湿润的麦草垛
找不到清澈的河湾，连绵的白桦林
搭燕窝的屋檐
甚至，找不到一块
似曾相识的石头

此时，你搁浅在一群
东倒西歪的空酒瓶里
失魂落魄

（选自《诗林》2018年第2期）

新　生（外一首）

施　浩

夜晚，我将站在阳台上
和你握手言好
这是什么样的季节和高空
四周是旷野和农夫
树上挂满金灿和辉煌
风从远方吹来
使血液升温使孕妇分娩

记不清那烟火出自谁家的屋顶
我的欲望从这里升起
在傍晚。一颗硕大的枣子
率先坠落大地
我手捧小小的婴儿和呼吸
面对这样的秋夜
我向大地点燃第一支灯盏
多么锐耳的声音
刺进宁静、安详的水面
没有任何力量能阻止它们
没有任何力量能阻止陨落和新生

建立火

火。快把火点着。我们的上空快要升起太阳

大海。黑色和井。饥饿是藻类的事情
从石头到苔藓。从整个流水的过程
从盲童。到光。正午的树下，叶片斑驳的图案
我们能看得见的。牧群的走动
石头的肉搏。芒刺与芒刺尖的冲撞。人的麻木与变向

火、臆测的火。只有火才会使用语言
只有火才会使用感情之剑。驱动我们。看盐成为食粒
看相成为金。或者是土
分解的火。一半的火。风是他的领主。是黑衣的神父
前行者。赶走他们
建立火！

（选自《深圳诗歌》2018年）

冬　至（外一首）

彭　戈

在冬天里，我举起了双手
欢呼雀跃般迎接这严寒的到来
那样，我就有理由把自己包裹起来
不被一些意外伤害
那颗脆弱的心便有了温暖
驿动，并发出光

怀抱温暖
你可以把白天过成夜晚
把忧伤看似道路
享受冬天的日暖花开

其实，生活的状态是这样的
我们举起双手
多数时候是向生活投降

阳台上的植物

那盆说不清属于什么品种的桂花
被移栽到阳台上
推开安全出口的门便可看见
每日里

只有它与我对视
陪伴于左
时间长于我所有的亲人

二月开花
五月也开花
八月理所当然开花
到了腊月
母亲打来电话说
家里下雪了
我告诉母亲
这里桂花正开着
早晨乍见
一朵蘑菇撑起小伞
在桂花树下乘凉
我感动于这日常的景致
想起曾经写过的诗句——
百年之后
当我们躺在一个不知道名字的地方
只有这些植物
还陪在你身边

（选自《诗潮》2018 年第 12 期）

我希望（外一首）

孙英辉

我希望
大雪的洁白之下还是洁白
天空的蔚蓝之上还是蔚蓝
语言的真诚之外还是真诚

我希望
阳光撒向世界诚实的温暖
蝴蝶采回花朵芬芳的真心
种子落下的土地值得信任

晨　光

天蒙蒙亮
月光没有隐退
晨光正打开翅膀
雪花从天空飘落

寂静里
仿佛万物都在飞翔
唯有我静止不动

在沉默中临窗等待
一双翅膀的到来

我要去时光森林
在秘境尚未被草木
封闭之前
取回一个拥抱
温暖我的爱情

（选自《岁月》2018第10期）

很想像朱顶红一样向您汇报荣光（外一首）

陈修平

母亲，其实我也很想
能像朱顶红的花箭一样
劲直上冲，高过所有的叶片
竭力站在尽可能高的地方
向您汇报我的荣光

然而，我一直只是
一棵毫不起眼的小草
于千千万万的草丛中
忙着向下扎根，向上生长
始终只能达到普普通通的高度

母亲，其实我知道
在您内心深处，尽管也期望着
我能像朱顶红一样高高绽放
但您关心我生命的青绿
一定超过关注我生长的高度

（载《诗刊》2018 年 8 期下半月刊）

心有雄鹰

心中有一只雄鹰

时常跃跃欲飞
而一个声音总会及时响起
反复提醒，按捺住昂起的头颅
周围那么多环伺的猎枪
还未及飞上高空
呼啸而出的子弹
就会击穿尚未尽情展开的翅膀

而雄鹰，不愿在低处亦步亦趋
只有继续焦躁地蛰伏
等待狙击手失业
等待子弹退下枪膛
等待一飞冲天的日子
以自由滑翔的姿式
释放真实的自我
在蓝天划过属于自己的轨迹

（选自《湛江文学》2018 年第 1 期）

早晨的奇迹（外一首）

李　成

我在熹微中起身晨浴
我脱去一件件外衣
天上云絮涌现
跟我一道入浴的是迤逦的青山
闪电落下来
变成水中的一条绸缎
江河加入进来
霞彩开始一片片在海上飞翔
大地上到处溢彩流光
我周身光洁
披上了一件新衫
作为一个凡人
走进人群熙攘的街巷
向熟悉和不熟悉的人点头致意
但谁也不知道——
刚才奇迹发生在我身上

醒　来

我怎么会在这里？
在床上；在树下
在一只漂流的木舟：

在病房；在战场
在一辆奔驰的车上

我为什么没有拍翅飞入云天
我为什没有展鳍游进大海
没有卧在一片树叶
没有枕在鼹鼠的细胳膊上
没有与蝙蝠手脚勾连
没有从袋鼠的胸袋里探出头
从蜂巢里睁开眼

这是一个奇迹还是一个遗憾
这是偶然还是必然
那么多的东西一一回到我的身上
我该感到沉重还是欢欣
是不是谁弄错了
就错在我醒来的一刹那

我要不要再等一等
或许就在下一顷刻
我就会拍翅飞入云天
展鳍游进大海
我就会向另一个我一跃……

（选自《上海诗人》2018 年第 5 期）

三辑　诗海珠贝

树

第广龙

二战结束
巴伐利亚州的冬天
无家可归的人
露宿野外
旁边就是森林
宁愿受冻
也没有人砍树

我在新罗西斯科
当地人指着满山绿色说
那些大片大片浅颜色的树木
是当年刚下战场的士兵
和幸存的妇女儿童
上山填平弹坑
种植的

几乎在同一时间
战败国的人民
要留下他们的树木
战胜国的人民
要恢复山上的植被

有树木

就有未来
都经历了战争的残酷
在爱惜树木方面
两个敌对国家的人民
是那么一致

（选自《诗潮》2018 年第 1 期）

穿　过

高若虹

从一片落叶和一片将落的叶子间穿过
从一株枯草上伏着的一只蚂蚱的触须间穿过
从黄河的波浪与波浪间的缝隙中穿过

刨土豆的二嫂抬手捋一捋汗湿的头发
一丝凉意从她的袖管穿过
她倒吸口凉气 感觉有一根冰冷的针从她的皮肤穿过

秋天来了 大雁从天空穿过
它们既不停留 也不在天上留下阴影
叫声 穿过白云 白云有了丝丝裂缝

穿过黄河滩的小道上 有四五个人
他们不走远 也不走近
就像几块穿过河滩坐起来的石头

一只羊穿过山坡 是孤独的
一群羊穿过山坡 更加孤独
有一只羊平静地看了我一眼
寂静的黄土梁就起伏着就从我和羊的身边穿过

秋风穿过一片玉米秸地 又穿过了
二狗家空空的院子 穿过六哥的轮椅

穿过四嫂为四哥关上 为儿子关上 再为儿媳关上
最后自己为自己关上的门扇
一些暖被带走 又留下一些细碎的冷

当一个秋收后要出门的人 渡过黄河时
黄河水一定会穿过他的骨头留下滔滔不绝发疼的伤痕

（选自《山东文学》2018 年第 1 期）

监视生活

潇　潇

下午醒来
天气没醒，阴沉沉的
电脑打开，总是错行
像上午和下午

空气中有木炭的香味
去吃烤肉串吧
舌尖上的口水，阳春三月的雨

电梯每一层
打着顿号，停一下
有一层
没有亮灯的摁钮旁
“禁止吸烟”
被撕掉下半身

监视器下
匆匆出去的面孔
匆匆进来的面孔
都是一个面孔

庭院花坛中心的女神
迎向大门，探头
监视着路过的每一个人

（选自《绿风》2018年第4期）

临水观月

宁　静

天上一个月亮
水中一个月亮

天上的月亮很远
只能抬头仰望
水中的月亮很近
仿佛一伸手就能捧上

天上的月亮慷慨大方
给万物披上银装
水中的月亮沉静安详
躲在一隅孤芳自赏

天上的月亮是众人的偶像
寄托着情人的思念
游子的衷肠
被诗人邀约一起饮酒
在琴声中流淌
水中的月亮只属于你
聆听着你的私语
静静地陪伴在身旁

天上的月亮像男人的胸膛

光明磊落，坦坦荡荡
不管是云飞云走
还是雨雪风霜
一样的皎洁，一样的明亮
水中的月亮像女儿的心
重重覆盖，半掩半藏
哪怕是一阵微风吹来
也会碎成点点银光……

（选自2018年12月31日《中国艺术报》）

大别山之豹

苍　耳

看不见你让我伤感。你栖身的森林
在我到来时突然卷成了
一管楚箫。但初夏一阵莫名的喧嚣
吞噬了悬崖。竟没人知道
你才是大别山之巨萼上——
狂吹在我梦中的花朵！当然，你比先前
更瘦弱更暴躁了，但你永远不会
退化成司空山上的土拨鼠。笑声
把你深渊里的蔑视——永远保持在
天堂镇的云梯上！而卧佛山终将
在一阵雷鸣上回忆起你扯开的紫闪。
是的，那偶现的斑点足以带给我
波动的真理。甚至光线的变化
也依赖你走动。当那些火把和攒射
涌出夜晚，同类像鸟群和菖蒲
纷纷飘坠在溪涧，你低于响肠的低吼
不会消泯，更不会在暴怒中
像鹞鹰那样被迫降到鼠之坪上！

如今还有谁知晓：大别山旷世的孤独
在升起的皖水上投影成旋转的
斑点？如果有一行黑色之诗
跌出书本，谁带着我的恶

在你的丛林里谁带着我的忏悔?
当蝙蝠和乱云在山尖聚集，谁在苍黄里
打开悲哀? 当桃花冲的悬瀑上
响着你的带电光的缄默，我却无法拒绝
与银铸的白昼相混。那一小片移动的黑夜
不可能覆盖我走过的楚道。今夜鹞落坪
也不再像绝望那样奔涌。噬血者醉眼朦胧了。
但黑暗仍将延续你的故事。群山继续着
它的生存，正如历史用伤疤呼吸。
这是春夏之交，鸦群开始形成。你从岩缝中
吹出来，将最后的溪流擦亮——
喂兄弟，我要抚摸你闪耀的斑点
干掉这一杯——当我小别，你将燃亮。
当你“大别”，我们将归于寂灭。

（选自2018年8月15日《安庆日报》）

山 行

赵兴高

从山脚爬向
白云深处的毡房
山路的转弯处，阵雨忽来
远处，闪电被折断，雷声发馈
我看见，溪流跳下悬崖，四处逃窜
雨后，受惊的冰草
躲不过牛的舌头
格桑花仰起小脸
取悦放牛的人
鹰盘旋在空中
一定是看破了这一切
鹰，那些会飞的花朵
即是落下来
谁又能将它们取走
空空的山谷
只听见扎西的歌声
如果不是天色将晚
我肯定看不见
暮归的卓玛
藏獒在她的身后
夕阳在藏獒的身后

（选自《绿风》2018 年第 3 期）

云岗石窟

牛　敏

断崖以另一种面目凛然出世时
承载的是一个朝代的柔软和坚硬
人群在佛的脚下流动
膜拜的却是自己的怯懦和野心

佛在清风拂面时，就开始了与时间的和解
一场雨一阵风地将自己放松
把光阴的凋落一一记下
使自己更加像佛

岁月的深处，星辰一样恒久
鸟鸣一样短促，短于弥天的微尘
匆匆而过的流云
高度在小草的脚下

众佛彼此会心地微笑
笑那些让自己面对苍生的雕凿
看大佛头顶那棵通灵的小树和树上的飞鸟
来亦偶然，去亦轻盈

（选自《星星》诗刊2018年第11期）

墙

潘永翔

我已没有力气
让自己
喜悦或者悲伤
我已经没有语言
可以穿透黑暗
让自己爱或者恨
就这样死死盯着
这面墙
花谢了，雨停了
风吹不起涟漪
我知道一个人
要想死首先得活着
这面墙也死死盯着我
以为我可以把它变成一块火石
在暗夜里
闪出犀利的光
刺透河水，穿过河岸

（选自《海燕》2018 年第 2 期）

重上井冈山

柳　歌

重上井冈山 正值大雪时节
许多事物 已被冬藏起来
正如当日一场大雾
收藏了井冈的雄伟
也收藏了尘世诸多风物
毛委员在或不在
群山都保持着警惕
五大哨口早已壁垒森严
细细地打量着行人

山路渐入云端
云雾缥缈之处 回荡着枪炮之音
而大山深处 渐渐成了一座富矿
埋藏着红色的种子
也保存着先辈们的初心
时近百年 俨然如那些翠竹
绿意盎然 崭新如斯

满山飘荡着好听的红歌
“十送红军”催下的热泪未干

寒流又一次滚滚袭来
井冈山一夜之间

冰天雪地 玉树琼枝
大片的竹林 纷纷匍匐于地
松柏也垂下一些柔弱的枝条
而主干不动声色 依然高耸入云
仿佛那些行走于五井之间的高大身影
顶天立地

（选自 2018 年 12 月 26 日《解放军报》）

夜

滕朝阳

我把月亮据为己有
只悬在你窗棂
俘虏那不肯睡觉的云
做你梦的背景

所有的春江
秋水以及冰川
都握在我手心
我只给它们暗
不给它们光影

我是夜
昼是我的遗存
黑是你头发的前世
是你瞳孔的今
如果你愿意
我就把你凝固成
一颗不会飞翔的星

我无边无际
是自由的物质
是你玄想时
一行从暗处袭来的诗

（选自《新华诗叶》2018 年 1 月号）

甲午冬月病中作

唐　毅

何时修来的福分？卧榻之侧
漂亮的护士嘘寒问暖
一点小小的痛
已不觉得。但病是不太好说的一个问题

按时吃药，测体温，接受询问
又该打吊针了。透明的液体像一支部队
正在体内杀伐
唉！所谓敌人原来竟是自己

（选自《诗潮》2018 年 7 月号）

风 吹

邹红红

其实没有更多的风
一些植物在午后闭合，语言缺失
几把陈旧的坐椅弃于城市的角落

久不下雨，又或者雨水泛滥成河
只有野蔷薇还在季节里重复

秋色搁置，时光在安静里
只余剩自己的声音
多像已经是多年前的了，你始终是虚拟

而空旷如天边的星星，我开始爱上
虚设的事物，连同
你的影子

（选自 2018 年《深圳诗歌》）

沙漠地带

胡　杨

黄昏，霞光弥漫
那些干枯的植物似乎重获生命

黄昏，戈壁平坦
一只云雀
撒下潮湿的叫声
果然有泉

无风，小小的安宁
似乎重又归来

一路上，睡眼惺忪
此刻，自然和人
都有了自身的光彩

（选自《绿风》2018 年第 4 期）

从低处仰望

徐丽萍

有时候　生活需要我们从低处仰望
像一只卑微的蚂蚁仰望挺拔的山峰
像一只丑陋的泥蛙仰望苍穹

命运总是把好棋下得更好　烂棋下得更烂
命运的把戏　总不断改变我们所处的位置
有些人站在了高处　有些人站在了低处
别懊恼　不同的位置只不过
看到了不一样的景象
生活的多姿多彩　正是在这逐渐的转换中获得
在低处　也千万别用跪着的姿势仰望
在高处　也千万别用鄙视的姿态俯瞰
不论位置怎么改变　千万别失去对生活的敬畏
用平等的心态面对　生活的荣耀或耻辱
奔跑或摔倒　旋转或飞翔
我看到蜗牛　麋鹿　雄狮　羚羊
在草原竞相奔跑　肆意追赶
一只七星瓢虫舒展的飞翔　也不逊色于雄鹰
在低处的花朵　也能痛饮露水的甘饴
在低处的小兽　也能找到灵魂的栖息地
上苍总是一边创造万物　一边又温情地眷顾
赐予我们食物　让我们强健的身躯撑起理想
赐予我们爱　让我们孤苦的灵魂相互取暖

蚂蚁们　就别再懊恼自己的弱小了
低处的风景也有说不出的曼妙
是别人感受不到的别样风情

有时候　残酷的生活也需要我们温柔以待
像一只猫　静静地凝视着光阴
像一枝柳条　柔媚地装扮春天

（选自《绿风》诗刊 2018 年第 6 期）

山 居

代红杰

向一只山雀学习，早睡，早起。
不要熬夜，不要灯火通明。
不要把山里的夜弄坏了，
弄成城市。

（选自《诗选刊》2018 年第 8 期）

垂 钓

杨　荟

在同一个黄昏
同一块暗礁
同一种孤独里垂钓

看着上钩的鱼
惊惧　挣扎　痛苦
在瓮里走投无路
巨大的悲哀和深深的绝望后
又把鱼一条一条放回水里
空手而归　他总是这样
拉直心里的鱼钩
用抄过的《心经》做饵
一次次把自己挂上去
——直到疼
直到想起自己是个人

他甚至
想把锋利的鱼钩含在嘴里
惊惧　挣扎　痛苦　走投无路
在巨大的悲哀和深深的绝望后
——放生自己

（选自《民族文学》2018 年第 10 期）

在山上

王明远

山上
两棵一起长大的青松
是两个笔直的兄弟

下山了
一开始他们做房架
后来房子倒了

他们又在一起做床架
后来
床散了

再后来
他们没有后来了

天知道
下山后他们在一起做了些什么
如今
只怀念在山上做树修行的日子

（选自2018年7月12日《天天快报》）

桃花朵朵

扶　犁

像母亲的嫁衣
被一年一年地拿出来翻晒
漫山遍野红了
母亲的心事就红了
热情的，奔放的，蓬勃的
那是青春飘动的旗帜
装点万里辽阔的山河
一点一点地开
一片一片地开
从少女的纯真，从黄昏的晚霞
从三月的春风里写满爱情的红笺

母亲笑了，桃花就笑了
粉色的甜蜜洒满一地
幸福无处躲藏
母亲笑了，我也笑了
隔山隔水的思念被无数的花朵点燃
那时，母亲正年轻
我忽然觉得一阵温暖的凉意
袭上心头，时光里
我将站成一朵桃花的模样
我笑了，母亲就笑了

（选自《上海文学》2018 年第 6 期）

我依然选择相信

康雄虎

花瓣落了
我依然选择相信芬芳
冬天来了
我依然选择相信春天不会太远
即使心里落满了尘埃
我依然选择相信童年的洁净

空虚把我重重包围
我依然选择相信真实的存在
即使谎言和欺骗充斥着所有的角落
人们相互报以虚假的微笑
制式的客套和毫无意义的问候
置身其中并无能为力
我依然选择相信爱的力量
相信美好 相信纯真 相信善良
相信孜孜以求坚持不懈
就一定能够将不可能变成可能

黑夜来临
我依然选择相信一颗探索的心
相信让我成为自己
相信黎明的曙光照耀在我的身上
即使输了，我依然选择相信冒险

相信尝试 相信努力 相信赢

皱纹像蚂蚁一样爬满我的面孔
双手变得老茧一样粗糙坚硬
我依然选择相信青春的记忆
即使有一天我不得不离开这个世界
在生命的最后一刻
我依然选择相信爱
并去爱这个世界
相信未来
并祝福所有的未来

这所有的一切啊
都是因为你，我最爱的人
你依然爱着我啊
让我的心灵依然保持着年轻
让我重新期待一场纷纷扬扬的大雪
让我像个孩子一样去拥抱你的世界
让我抱着你
抱着我前所未有的幸福

（选自诗集《戊戌芒种书》，陕西师范大学出版社，2018年12月）

苗寨灯火

应文浩

即便不来这里
我知道，它们依然会亮起
像花儿适时盛开一样

如果不是来到这里
我不会知道
再高的星星也想层层叠叠
沿着窗口张望

来了才知道
倘若千万盏灵魂举着、亮着
夜就会变得无话可说

（选自《安徽文学》2018 年第 2 期）

谁在摆渡

南　鸥

是饥饿的午夜，还是黎明
或暧昧的黄昏。时间被昼夜放逐
时间之外才是另一种洞开

立在船头，一动不动
黑色的背影是否掩映神秘的风景
只有风暴藏着千年的宿命

站在命定的地方，一颗初心
掩埋过往的踪迹。一种命定的姿势
越过千年，留下了这个时辰

火焰，有火焰的言辞
风有风的身姿。记忆浮动万水千山
而天边的云霞正慢慢打开

谁在摆渡，是否可以
让一位逝者从一瓣桃花上踏雪而来
荒野的乱石口吐莲花

（选自《诗潮》2018 年第 1 期）

办公室的吊兰

段光安

一盆小小吊兰
自柜顶垂下
延伸着岁月

不随心意的枝叶
全被剪断

狭长的躯干
在柜与柜之间逶迤

它无力抓住任何东西
只是下垂
瘦成一缕寂寞的丝线

（选自《天津文学》2018年第4期）

风吹进骨缝

王祥康

风要去的地方其实很窄

巷口有人在等 颤颤巍巍的
风回过头 我的骨缝
被它轻易地占领
风寒 风湿病 痛风
身体里的小虫一天天养大
风吹来
广阔的世界在打转

满眼落叶 隐隐作痛
善于走路的苦行僧 弯下腰
谁看到落日 看到僧袍里
虚无的年轮
谁就能送走这一阵风
风还在吹
广阔的世界依然打转

是一种程序 也是一种仪式

我静静听着 骨缝中
风与谁拉锯 声音空旷柔韧持久
回过头
等风的人已被风带走

（选自《诗东北》2018 年上半年卷）

藤

武　稚

唯有相爱，才是唯一理由。

一心一意托付，
好看的线条，
腾起袅袅烟雾。

振臂高飞，横空欲飞，
生命的狂草，在半空跌宕起伏。

偶尔风暴来袭，
它伸瘦小妩媚的手，
如此忠贞，如此狂野，如此骇世惊俗。

一同芳香，一同洁白，一同炫目，
不说剧烈地爱，
也不说承受。

不会有危崖，
也不会拦腰折断，
更不会氧气稀薄，
它们的世界不兴这些心如刀割。

太阳筛下高低的光斑，

世界呈现复兴模样，
它结苦难的种子，
来年把更多的自己送到高处。

（选自《诗歌月刊》2018 年第 3 期）

爬墙虎

木依岸

从春天出发，向夏天攀爬
爬墙虎们的暮春
还有两扇窗的高度

夏天站在楼顶，不动声色地编织
内心装着无数盏灯
俯瞰星星的亮度

鸟儿最先发现，汗珠们汇成的瀑布
这一葱绿的布帘
为时光挂在心灵的窗户

与之相邻的葳蕤，三月我们曾邂逅
彼时樱桃树刚披婚纱，和着她粉红的娇羞
如今她儿女成群，他们穿青色短衫或粉红裙裤

平时我总行色匆匆，低头探路
今天抬头仰望，才知时光已经飞渡

（选自《椰城》2018 年第 9 期）

爱 情

杜 青

到树荫下，到广场上
去相爱，披着薄薄的外衣

再到另外一个场合
去和另一个你相爱

一次又一次，那外衣破了又破
而隐缩成的那个词语，完好如初

（选自诗集《遇见》，新世纪出版社 2018 年 7 月）

鸟　声

李建军

鸟声是清幽的
在海边，在山谷
它是透明的
穿越雾霾与风暴
它是甜蜜的
让蝶飞蜂鸣，花开溪涌
它是哀伤的，催醒
另一个世界的灵魂
它是尖锐的
刺穿阳光里的青草与树林
它是奇幻的
令月亮上的树飞落叶子
它是深刻的
让细水长流穿透石子
它是永恒的
一声像一页，写不尽历史

（选自《星河》2018年春季卷）

悬崖边的树

杨云霞

我清楚，落日碰响我时，我就是
悬崖上，那棵
裹着风呼啸的大树

雷声无蕊
闪电有花

我的主干如直立不斜的粗壮峰身
枝条比梦还老
树叶如书页，永远翻下去
都是下一页

喜欢看日出，月亮也当作银子做的情人
雾来的时候
我不认为是站在了痛苦的边沿

雨击树顶
当洗我的冠冕

我在年轮中称王，在秋风里罢免诸侯
我做得神秘，彻底
回到眼睛里
为一杯不朽的泪，干杯

我清楚，落日终将最后一次碰响我
但我并不同落日一道沉没

因为我不是
倒塌的风景

（选自诗集《孔雀语》，重庆出版社 2018 年 9 月）

时　间

凡　羊

时间吃掉了什么？时间
经历了什么！时间一路书写
岁月里的酸甜苦辣
山川田野一遍遍绿过了
黄过了。活了一生的村民终于明白
不舍放下的终将放下
不愿离去的终将离去

乡村，故土，尘世
风中的枝头谁知道
演绎的是悲剧、喜剧、还是闹剧
时间是远去的河水，有时
是亲人的泪水，有时是鳌鱼的眼泪

（选自《四川文学》2018年第12期）

用力呼吸

季　冉

金水湖是金昌的肺吗
尽管迷失在薰衣草的花海子
我仍能听见一朵花儿细雨中的低语：
用力呼吸，就能发现奇迹

就在十个小时前
我坐在金昌夜市摊前喝啤酒看世界杯
不小心用力呼吸了一下，黑闪电姆巴佩击倒了老梅西

就在昨天，气息幽邃的金昌科技馆
我把矿石上闪光的镍晶
认作祁连山兆年前雪花的化石

仰望云转寺峭壁上玄不可测的晋窟
我看见自己的前世是住在云彩里的鹰
步履轻盈的本土女记者是一只白闪电雪豹

北海子金川河畔，我听见
为西路军将士碾米的水磨仍在哗哗哗旋转
烈士纪念馆里我双手在红缨枪杆最滑润的部分握紧

金水湖是金昌的肺吗——对着哩
在流水无声的子夜，河西走廊的驼铃声渐渐清晰

张骞刘萨诃玄奘林则徐的足音从橐橐到沙沙远去

和一座海拔一千六百米的城市一同用力呼吸
我发现了历史的奇迹，现实的奇迹
当然，也包括爱情的奇迹
——当然，这是我和金水湖边薰衣草共同的秘密

（选自2018年7月4日《金昌日报》）

飞雪中的黑鸟

阮文生

从一根树枝上把自己减掉
用了一点力量或者习惯
天地迷惘飞雪沙沙
一只鸟的叫声细亮了所有的方向
插进旷野的翅膀
温暖了幻觉的长度
一个打折的姿态
总的来说是流畅的
一根电杆和一截黑暗
性质对称也是相反的
它那么横地飞过去
这和雪花大不一样
遭到碰撞或打击是必然的
从一片迷茫里穿过
那些菱形的物质有了点燃的痛感
那些缓慢更慢了
风雪往后让了吗
一股小风协调到左下方
一块云朵鼓突着
天空有了大河的壮观
鸟又抖动了
飞行的硬度从拐角里泄漏了
鸟的黑衣非常耀眼

整个世界都是白的
用黑来照亮自己的路线和飞法
的确不一样
聪明的火花有点横冲直撞
寰宇的寒凉抹不掉一副翅膀
所有的雪啊
为了一只鸟儿而繁忙甚至在流浪
一曲雷电波尔卡
激动着无数精灵的呢喃

（选自《中国作家》2018 年第 10 期）

结　扎

周彦虎

表嫂突然走了
体内带着节育环

一个节育环
像苏三的镣铐
押解了表嫂三十几年

死人，不能带着金属上路
除非金银

表哥哭着挥挥手
让她带走吧
一辈子没戴过金银首饰
权当我送的银镯

那只节育环
是一个灵魂的嘴
在阴世

（选自《朔方》2018 年第 1 期）

碣石村记事

陈巨飞

荒芜是刻意隐藏的一小部分：炊烟消失，春日茂盛
一些瓦片学会了飞翔，变成了燕子
而枣树是我开花的屋顶，用来筛碎阳光

72眼古井，这些善良的张着嘴却不说话的邻居
日渐干涸。蛛网被春风吹破
《井说》在石磨的背后模糊，但足以解我的渴
辘轳的柄长满了铁锈——
当它停止运转，人就转动了起来
这转动节奏太快了。我仿佛听见了井绳绞断
木桶“哐当”落到深渊的声音

碣石村一个汪姓老人告诉我，他72岁了
一个人在村里转转，像是皇上在巡视大好河山

（选自《诗林》2018年第3期）

父亲

一度

晚风中走来的吹鼓手
多么像我的父亲
穿着旧军装，站在漏雨的屋檐下

他始终没有笑过
哪怕我们四姐弟簇拥着他
和四处漏风的墙壁

母亲的灯盏，悬于梧桐枯死的枝干
悬于她膝盖积水的夜晚

（选自《文艺界》2018年第2期）

白鹭飞来

马万里

像一道闪电
又像一句
忽然而至的告白
白鹭
在马坊泉上空飞
这高于尘世的云朵
刷新我们的仰望

一只白鹭等同于
晚霞 蜜糖和铺展开的稻田
等同于河流 村落
和越走越远的乡愁

一群白鹭让村庄亮了一下
又亮了一下
自此村庄换了容颜

（选自 2018 年 12 月 13 日《焦作日报》）

天气尚好

李永才

阳光抬头的那一刻
我的西窗，结满五月的布朗李
一阵脚步声
在窗前停下，又向远处走去
我无意于叙述
这个周末的不确定性
天气尚好。姑娘目光清脆。
像两桶新鲜的老鹰茶
淌在金色的码头
暖风吹过的地方，每一朵野花
都开得一丝不苟

（选自 2018 年 6 月 20 日《成都晚报》）

我要摁住自己的目光

洪　雁

这一次我要
摁住自己的目光，不让
它再惶乱地逃窜
我要它迎着你的注视仰起头
不管是被捉住还是掉进陷阱
我都不喊一声
世界已是如此嘈杂
你沾满一身的清露，让我
认出了你所来自的旷野
那曾是我种在心里的良田
如今你捧来一眼窝的脉脉深情
是时光已把万物熬煮通透
麦子扬花了
秋禾的籽粒一天天饱满了
岁月不慌不忙地热，不紧不慢地冷
四季轮回一遍，该枯萎的就消失了
此时如果我还绿着，红着，紫着
我就还在，我就还是充盈的
你目光裹挟的风若正好吹过来
三秒五秒也许第十秒
我羞红的目光就会垂下来
变成你眼睛里
最温软的色彩

（选自《稻香湖》诗刊 2018 年第 1 期）

风吹草低

孙　梧

还能说什么呢，我一直认这个草命
落到土里就生根，迎风而立，逢雨而生
把田野做一生的家，守卫着这片村庄
在山上刻曲线，在村前画流水
早起晚归，人模人样地活在人间的底层
静时看风和日丽，寂时品世事沉浮
不奢求城市的草坪，不梦想案桌上的花盆
我还在继续扎根，让根须汲取着养分、水分
让草屋遮风挡雨
没有人在意我就是风的影子
风吹紧时，会剔除多余的雷声，多余的思想
越来越瘦的村，越像一个弱的城郭
我越像普通的农人，匍匐在最后的家园
在推土机、挖掘机和钢筋面前
你们看到的也仅仅是一株高于泥土的草
没有幻觉，从楼房的裂缝里倒下来
呈现出众生平等的一点点尊严

（选自《草堂》2018 年第 3 期）

春天的风

王万里

仿佛从灵魂中抽出丝绒
脚步比大花猫走过还轻盈
走过原野，舞过树梢
一路捡拾花开的声音

青涩的嫩叶
搬着阳光旅行
行走在光明的路上
春风，化成了鲜活的灵魂

一朵花从一株绿草中站起来
它看见的春风，仿佛亲人
被它一缕馨香一缕馨香地相认

（选自 2018 年 3 月 27 日《鄂尔多斯日报》）

故乡的樱桃花

曾　瀑

那些说着场坝方言的樱桃花
都是我的妹妹。她们是世上最洁白的花
那种白，是发自骨子里的

她们是大山的面子，更是里子
房前屋后，田边地头，山坡上
随处都能看见她们窈窕的身影

她们眼含泪水站在高处
目送着男人们走向远方
含辛茹苦，守护着白发苍苍的故乡

她们咽下了整整一个冬天的雪
憋在心里的那支山歌刚一出口
满山遍野都白了

那些唱着乌蒙山歌的樱桃花
都是我的妹妹。她们会生下一山坡红孩儿
在压弯的枝头叫我舅舅

（选自《天津诗人》2018年秋之卷）

建筑的语言

渭　水

故宫说中国的语言
让人们膜拜了许多年

金字塔说埃及的语言
让人们猜想了许多年

卢浮宫说法国的语言
让人们欣赏了许多年

自由女神说美国的语言
让人们效仿了许多年

许多年过去了
设计这些建筑的大师早已远逝
营造这些建筑的工匠踪影消散
唯有建筑还活着
默默地保留着不变的语言

（选自《秦岭文学》2018 年第 2 期）

樵夫与耕者的画屏

雨　田

雁群在雨中飞行 屋檐下躲雨的樵夫　懂得
宁静才是他的夙愿 川西北丘陵深处隐藏的奏鸣曲
正召唤着诗与词的故乡 谁的泪水禁不住涌上眼窝
又是谁透过泪眼看到了如此神圣的绝境
从虚到实 从世外到宽阔的内心 只有明朗的太阳
知道人性的高度 知道自由的思想能辟出大道
让行走的樵夫无疆地穿越比涪江更遥远的河流

谁的信念能让世界在一瞬间改变面貌 那些
无形的光芒能点亮沉睡的灵魂吗 只有尊重生命
才能离心灵更近　去注视耕者的眼神吧　那些手
思想或激情 甚至他们惆怅的身影
都被秋风吹动 谁的足迹划过苍茫的旷野
谁正用人的良知唤醒时间深处的疼与爱 悲与欢
唤醒那些满嘴谎言的人　说出一句黑白分明的真话

（选自《草堂》2018 年 2 期）

手指那么长的神

沙　克

和蜈蚣一起爬行
和蜥蜴一起出没
手指那么长的蜈蚣、蜥蜴

和凌晨一起变亮
大口吸氧

他在砖石堆中笑看生活
他还在笑
他是季节的化身

手指那么长的神
和杂草、虫子、猫脸花攀比心情

他做的事写的字传播过的爱
低于创世记的峰值
超过蜈蚣、蜥蜴的存活期

手指那么长的神
奉行爬行主义从不离开地面
跟着蜈蚣、蜥蜴学跳舞

他的情绪好
在孔穴中把握命运

（选自《创世纪》诗刊 2018 年秋季号）

阶石之遐想

赵国增

这是铺筑在通向远方的阶石
它铮亮像一面明镜
它发光似日月灿烂
我望着它，踏上它
不由诗潮起伏且绵长

我想着它的原始状态
条纹粗糙，棱角分明
它是在岁月的沧桑中改变的
赋予它温度、灵魂
和丰富蕴含的，是赵氏的血脉

阶石内记录着众多文人墨客的题赞
有陶渊明、黄庭坚、李白、文天祥等名人
更留有历代数万千百姓的脚印
踏此，顶礼膜拜，流连往返

当我踏上这块阶石
远方是滚滚前行的人流
恍惚间，关云长提刀傲立潮头
连绵不断的山峰在我身后

（选自 2018 年 11 月 23 日《太原日报》）

中年的雪

赖廷阶

中年的雪越来越白
首先它还讲究隐藏
只是忍不住的时候
一二三根白发
杀出来
冲出重围
亮出自己长久的积蓄
而这存款拿出来越来越多
越来越多的雪
在头上
不紧不慢
出来晒太阳
原来遮遮掩掩
原来羞羞答答
中年一过
这些雪就大大方方
来到了头顶
大雪满山
不能不说是一种好风景

（选自《绿风》2018 年第 4 期）

万家灯火

陈树照

燕子归巢，星空璀璨，
松花江敞开万家灯火。
夜风剥开，一朵鲜嫩的花儿，
在这迷人夏夜的虫鸣里。

途经黑暗，是为找到光明。
在故乡，在自己的岛屿，
播种或收获，我们都顺从天意。
今生，我不能选择和你同生，
但可以做到为你去死。

后来，我们就睡着了，
当太阳爬上窗户，把我们叫醒，
古老的松花江，又开始了新的一天。

（选自《远东文学》2018 年第 1 期）

再无蓬勃可言

三色堇

这些被我荒废了的时光
连黑暗中落下的雨都是瘦弱的
我不惧怕众鸟的欢唱带来一场霜降
我早已厌倦了阳光翻飞的尘土
即使海水的轰鸣都带有拉奥孔的痛楚

我频繁地使用隐喻，刻意地躲开死亡的话题
光阴怜悯地看着我
我已无法用深情拥抱粗糙的生活
话越来越少，日子越来越薄
那些用旧的时辰再无蓬勃可言

（选自《星星诗刊》2018 年第 11 期）

初冬第一场雪

宫白云

那些雪花，在天空缓慢飘着
像纯白之心落到荒野
废墟，哦，还有红、黄、蓝各种掩体之上
它们太小，小小的洁白
与满地的厚黑相比
显得单薄和辛酸
通往太阳的云梯掉了下来
我在大白日的房间
打开灯
听到一些低沉的声音
对我说——
睡吧，天已经完全黑了

（选自《扬子江》诗刊 2018 年第 3 期）

给生命的漏洞打一个补丁

包容冰

回忆一再使我显得，越来越苍老
越来越看破红尘。财色名食睡淡出我的意念
浇花与擦洗那些旧家具，思想明亮得
像一面镜子，照见五蕴皆空。除非因果
我似乎成了一个逆来顺受，疲于争执
安于现状的落伍者，被世人渐渐遗忘

其实，我并不是你想象的那么
不谙世事。在有限的时光里，血脉缺铁
骨头缺钙，知道薄如蝉翼的生命
漏洞百出，需要打上一个个补丁
堵住生命渗血的伤口

死亡的惨烈，上演无法阻遏的悲剧
听到有人突然嚎啕恸哭，我也感到撕心裂肺
犹如天塌地陷，谁去收揽那家破人散的结局

血泪流在斑驳的大地上
六神无主的灵魂，还在抽搐……

（选自《火花》2018年第2期下半月）

去往马戏团的路上

马晓康

一个人酒过三巡，月亮终于被灌倒了
霓虹灯趁机上位，也霸占了人们的仰望

楼下的车子和行人正在加速
声音，量不出眼睛到眼睛的距离
就蒸发了。道别
被进行了一半的手势代替

在不适与习惯之间
在童真与世故之间
窗口，像突然敞开的裂缝——
有人的舞台已经谢幕，而我的报幕人
还没有醒来……

（选自《四川诗歌》2018 年夏季卷）

午夜的鞭炮声

刁家乐

电视里，春晚敲响午夜的钟声
顿时，窗外响起天崩地裂的满天红
鞭炮与礼花开成青山朵朵，层层簇簇
开成万紫千红，点破羞红的天空

感动我的是，截住太阳之尾，碾成醉红
想象的烟波，如叠的青纱，层出不穷
天地间，乐事回头一笑，醉脸如春

雄鸡一唱天下白，看几行新燕倩影
春扇打开，一抹青烟未尽，有诗留白
天地间春光无限，青山连绵
唤起我心中春潮滚滚，思接千载

近看是一片雪，远看千朵万朵压枝低
捧杯醉山花相似，岁岁年年梦不同
我愿用北斗为勺，舀出琼浆玉液
为了今晚的多彩绚丽，是花开不败的除夕

（选自《远东文学》2018 年第 4 期）

飞雪

吴浩雨

学会飞，学会轻微
从透明，到白，白的光，白的身影
堆成雪人，堆成花白的自己
堆成太阳下可怜的泪人
很多时候，却以为在堆别人
堆成山，堆成小丑，戴高帽子
一粒雪，多轻，多重
找到北风，就找到梅花了
找到北风，就找到亲人了
找到北风，就找到失散的名字了

（选自《河南诗人》2018 年第 6 期）

情人湖

洪佑良

她是大海的私生女
流落至此，与峻俏的石柱峰
一见钟情，血肉相连
从此不离不弃，一爱万年

恋爱的人适宜来这里
山可以作证，湖可以定格
只需一把誓言的饵
洒向深藏水底的鱼
它们会把爱带到大海
爱，就山高水长

（选自2018年2月11日《浏阳日报》）

守 望

李 婷

天，是空的
水，空的鱼鳞都没有一片
垂钓者淡然而安静
放长长的线
钓清凉的水和水里的倒影
我很佩服，这种守望和耐心

池塘边的女子，心思在水的中央
迷离的眼神，在水的一方
飘荡。她沿着水面的光影寻找
池塘里
杳无音信的童年
我觉得，女人就是水做的

晚秋的池塘边
柳树裸露出秋水的写意
乡里女人的心思
如一本搁在书架上的线装书
静静等候阅读的你

就像塘边的垂钓者，等候
鱼儿上钩
却没有浮标的动静

（选自《绿风》诗刊 2018 年第 5 期）

秋天的碎花花

李耀斌

秋天的碎花花开放在山坡坡上
秋天的碎花花在孤独和荒凉里开放

在凄风里奔跑
在苦雨里张望

挣脱了一场凄风苦雨的浩劫
又迎来一场劈头盖脸的霜降

本不属于开放的季节
谁又给了你勇气，给了你力量

开过花的地方铺着一层霜
没开过的路上也铺了一层霜

忧郁的花蕊里隐藏着锋芒
黛紫色的火焰让整个秋天摇晃

秋天的碎花花穿着一身黛紫色的忧郁
秋天的碎花花你是谁家改嫁的新娘

马蹄踏破了含苞的梦
唢呐撕碎了谁的帷帐

秋天的碎花花开在山坡坡上
秋天的碎花花心上装满了御寒的阳光

改嫁的新娘走在孤独和荒凉的路上
心上的阳光才是自己给自己的嫁妆

（选自《朔方》2018年第4期）

轻

陈　浪

昨夜疏雨森森，它脚步那般轻
轻敲我心扉，是深更的安慰

风烟般地弥漫，弥漫在我身侧
袅袅娜娜，仿佛一宿微醉

我多么恋着这轻！夜露挂着翠
一滴比一滴晶莹，又明媚

它是不速客，不见，已闻着香馨
轻轻，轻轻，屐齿印了苍苔

它似是禅静，在其间能明心见性
一切皆虚化了，却有无限恬美

它似是星子，俯瞰大地的眼神
冷寂中藏着多情，会永远永远在

（选自《中华文学》2018 年第 6 期）

我在树下走过

祝相宽

夏花灿烂，一树一树的
在我头顶上得意地开放
它们美得旁若无人，不会在意
从树下走过的我

一转眼，只是一转眼啊
花瓣在风中飘落，一瓣
跟着一瓣，一树接着一树
从我仰视的高处
落到地下

大地慈悲，收留了落花
就像收留时间的灰烬
我尽量把脚步放轻，再放轻
生怕一不小心
踩疼落花的记忆

当我再次从树下走过
那些落花已经无影无踪
我甚至怀疑，那些花
是不是在人间开过

（选自2018年11月22日《沧州晚报》）

绣一朵精致的桃花潭

米　戛

奶奶绣的花儿多像桃花潭
潭面水光潋艳，碧波，从浅到深醒来
都盛开着阳光与绿树的花朵
我该告诉谁

潭岸怪石耸立，古树青藤纷披
是谁画好的
踩着一地清辉，蛙声将我指引
立千年的垒玉墩
我喜欢看着书板石 陷入思索
久久，想着
李白醉卧的彩虹岗

青砖黑瓦的古民居
是我要挥手道别的世外桃源

飞阁木楼，犹如仙境，
又疑哈尼人家
一针一线
都可以绣出你要的景色

哈尼族的刺绣，美成桃林春色的桃花潭
奶奶
绣一朵精致的桃花潭

（选自《诗刊》2018 年 9 月号下半月刊）

湘西童话

解

我看见孤独正在复苏
我看见十五岁瘦弱的我
仿佛失散了多年
我看见羞怯需要时间
我仿佛沉默得像瑟瑟的小草
眼光谨慎中迷失了方向

请给我时间
我不敢触碰情感最柔弱的部分
只能拥抱中牵住小手
但绝对不会受到第二次伤害

我没见过真正的王子
可即便小草也应该是心肝宝贝
在撒娇中幸福成长
我已接近崩溃，好想大哭一场

（选自《星河》2018年夏季卷）

修　剪

徐　庶

燕有剪刀一把，把身后事修得
风平浪静
我们手持牙口上好的钢剪
却不忍修掉
身上多余的部分
我们行进
另一个我在身后反方向行进
旁逸斜出的我
是我分解的另一道方程式
我们休憩，双腿仍保持
一把剪刀的姿势

（选自《滇池》2018 年第 7 期）

体　重

爱　松

一阵风，吹不动影子
它，躲在我的身体里

一场雨，淋不湿大海
它，落在我的梦境中

一堆火，烧不着天空
它，燃在我的心口上

一片土，埋不下白云
它，铺在我的掌纹内

这些正在丢失的
原来，并非只是血肉

它，藏在你眼底
动一下，这人间
便疼一下

（选自《诗刊》2018 年 6 月号下半月刊）

树　叶

赵国培

高高在上
摇摆得意

却经受不起
些许打击

秋风袭来
威风扫尽

轻飘飘地
一败涂地

（选自诗集《致敬三月》，北京燕山出版社，2018 年 10 月）

阳光下的媚水河

古　草

他们跑着
年迈的爷爷奶奶追不上他们的脚步
他们向天堂跑着

要是水再浅一些就好了
要是他们有一双红掌就好了

这是夏天的一个正午
几个孩子完成了最后一次梦的远游
他们躺着 多么平静
阳光下的媚水河缓缓流着
是的 这是夏天的一个正午
远行的父母刚刚行至中途

（选自《稻香湖》2018 年第 4 期）

风吹我上山

李金昆

山上的风
瑟瑟地从天际吹来
仍像去年的寒

山上的枫
未经霜打
红叶却比去年的淡

山下的湖水
亦如去年的苍青
阳光下泛着微澜

山的小径通往山外
四季从这里走出
又从这里走回

它们怎知我
不同于去年的思绪呢

风吹我上山
风吹我下山

（选自《山东诗人》2018 年夏季卷）

小雪的雪

樊文举

这场雪，一定密谋已久
或许是从桃花初绽的那刻开始
风与雨就播下了这粒情种
只是，在等待一股寒风吹过

天与地，悄悄地孕育着这场雪
越过了花海，迈过了炎夏
日子，在时令的枝头上
焦急地化作满山遍野的黄叶
在天地间不停地游荡

从浓雾刁难山路的那天起
他已蠢蠢欲动
期盼着破土，等待着临盆
当西伯利亚的寒流跨越长城边塞
这场雪，就乘势而落

刺骨的寒风中，晶莹的雪花下
山静了，水缓了
世间所有的浮燥与欲望
都葬身于这场雪中
一切都在葬礼中修改着来年的农历
天蓝了，地洁了

坐在热烘烘的土坑上
吃一口原汁原味的酸黄菜
吼几声铿锵有力的秦腔
心净了，人安了

（选自《朔方》2018 年第 4 期）

光阴逝

吕维东

有人坐在天空下，聚精会神
默数着出入天空的鸽子

有人动用吊车、大网，捕捞湖中的鱼
喂养人间， 无数强大的胃

有人驱车去远方乡村
一心热望而去，喜忧参半归来

有人目光意外被窗外一树的枯叶
绊倒

世事苍茫，酷似暮晚
而叹息有如日落

（选自《中国诗歌》2018 年第 5 卷）

一朵花正在回头

朱　积

一朵花正在回头
在黄昏的边缘　春的尽头
一朵夕阳　从最西最西的枝头
正向着谁回头

一场宏阔的落日
一朵花正在回头
没有谁敢
对视
哪怕用尽一头白发
一地沧桑
满海悲悯

最后一朵花
她回望的目光
耗尽了
花朵　全部的美丽

（选自《火花》2018 年第 7 期）

后视镜

剑　峰

已经出车祸了
周围的空气惊魂未定
一个血人从撞扁的车厢缓慢爬出
他茫然，如无尾鱼的眼睛
前方大雾弥漫
空气没有后视镜
谁也无法逃脱多年前
那一场猛烈的追尾
空气的零件散落一地
至今充满血腥

（选自《四川文学》2018年第5期）

小镇黄昏

白鹤林

在青城后山熙熙攘攘的小镇上，
我点燃一根烟，
突然就陷入了沉思。

而那个有着古老而吉祥名字的小镇，
也在一瞬间沉迷于夏日的黄昏。

我并不孤独。
我的身边有两个好女人，
和两个漂亮的小孩。
他们都是我倍加珍惜的亲人。

（我们在夜空下的坝子里说闲话）

我只是听见了寂寞的日子如山泉，
流经这空旷的人世。

（选自《江南诗》2018 年第 2 期）

回响

马青虹

雨水是秋天的褶皱
我站在我之外
同我的影子互相想象
模仿和替代
我们被压缩成纸张
重叠成页岩
在牛角垭隔着车床对视
我的影子才是最本真的我
活在脚底
匍匐或攀爬于墙体
过着永远低于我的生活
而我，只是替我的影子活着
清澈、神秘
身体里有发动机的轰鸣

（选自《草堂》2018 年 9 期）

雪 松

粒 粒

六的雨在雪松的指尖敲了一夜
激流涌进 惊醒了屋顶的瓦沟
我随雨滴坠下 倚窗而坐的人
一支笔雕琢夜的玉器
雪松到了夏天就要被送进铁笼
在他身边徘徊的人会突然停止
天色已近傍晚 梅雨季
还来不及听完一声呐喊
一辆卡车便从老山的腹中驶出

丛林的鹰时不时飞向纵深的水库
探望谁 无边无际的夏天
黑暗中孤独的雪松
为谁又拆迁了一次

这支谱写夜的笔应该一直屹立
它的笔尖能长出幼苗
为冷漠寻得自由的空间

(选自《椰城》2018年第6期)

从盛世为自己定做一场大雨

张海梅

总在设计，为自己量身定做一场大雨
雨的前身，必定是戴望舒的《雨巷》

老屋深藏陶俑 玉器和青花瓷
这出土的无价之宝
频频被空气氧化 侵蚀

风 有时在旋转
我逆风而行 时光倒流

在盛世定做一场人工降雨
持续的高温突然降到了瑟瑟发抖
便落英纷纷

把六月命名为雨季
让梅朵绽放在寒冬
一半是水 一半是泪
冲洗着渐渐愈合的苍凉

（选自《中国民间短诗》2018 年创刊号）

寒山子，请让我拜你为师

黄祥云

如果，我生在
一千三百多年前的唐朝
我将来到这青山绿水间
寒山子，请让我拜你为师

以洞为穴，在洞前
种几株牡丹，你故乡的花朵
远离安史之乱
远离人间的恩怨是非
我们并不孤独
因为有拾得这样的好兄弟
有满山草木鸟兽，我们的家人

以树叶为经书
在潭水中养几朵莲花
随着那些鸟鸣声风雨声
读夜空中满天的星星
读湖水中潋滟的波纹
沿着那些弯弯曲曲的石子路
赤脚一步一步踏过
就像敲打一条条冥顽不化的木鱼

以泉水为佳酿

我会摘一篮野果给你下酒
恍惚间，我们将诗歌
写在岩石上树木上飞瀑上白云上
待到来年，看这些诗篇
化成轻盈的柳絮，鲜红的杜鹃

寒山子，请让我拜你为师

（选自《海外文摘》2018 年第 11 期）

秋叶辞

李鲁燕

嫣红、鹅黄、淡绿、浓绿
金黄、灰褐
我说的不是颜色，我说的是一片叶子

阳光用旧阳光，大雨追赶小雨
微风放弃狂风，叶子静静地望另一些叶子
听叶子细语、歌唱和哭泣

秋至，星星和月亮伸出一截生动或荒凉的树枝
像一只干净的手把中年的天空高高擎起

万物出入，草木往返
明年春日新芽初花
不是故人也恰似故人

（选自《星星》诗刊 2018 年第 10 期原创版）

喊星星

周苍林

就像一只每喊一声都要回头的羊
我喊出的每一颗星星都会向我眨一眨眼睛
我向一颗星星喊出父亲的名字
星星的眼里就闪着泪光
我向另一颗星星喊出母亲的名字
星星的眼里还是闪着泪光
天上的每一颗星星都是有名有姓的
喊出的每一个名字都有一颗星星对应
周清荣、邓素芝，周玉龙、桂茂芝
这些排在前面的名字是我最重要的亲人
也是我闭上眼睛都能够找到的星星
在亲人之后，我喊出的星星
还有熟悉的乡邻、难忘的朋友
那些非凡的星星、陌生的星星
我也向你们致意
愿你们都能看见喊你们的亲人
我把最热爱的星星从浩瀚的星群喊出
仿佛又在和他们见面

（选自《牡丹》2018 年第 10 期）

六月，看云的父亲

柳　苏

题记：父亲离去25年，只要六月云在，就觉得父亲坐在身边。

六月，在一朵朵云上
我寻找父亲的目光

多少画面被岁月抖落
唯留得这镌刻般的明亮

从石头里看到花开
云烟中觅出草长

一瞬之间，苦难连根拔起
积聚的杂念，风吹羽毛一样渺远

再沉重的事物失去分量
灵魂把一生的河山安放

心庙不在于巍峨、堂皇
起码要容得一滴水的虔诚

看云的父亲，始终是一种坐姿
二十五年，我不敢给尘世一丝张狂

（选自《诗刊》2018年3月号下半月刊）

远处的声音

吴海歌

一只玻璃瓶，从天空坠下
没有人知道里面装的什么。
碎渣，只是意义的一部分。

一个大的概念。
声音装着声音。

杨贵妃，装着唐明皇。
白居易，装着琵琶女。

雷声更大，装着王朝。
碎裂，成为虚空。

我们是收拾虚空的人。

（选自《四川文学》2018 年第 7 期）

海边书

慕　白

我闲居已久
整日无所事事
如果你也有空
请来跟我一起去海边走走

我不是来度假的
我对孤独深度过敏
一风吹草动，我都深感不安
房门没有上锁，你推进去就是

昨夜桃花盛开，醒来发现又是在做梦
大家都很匆忙，谁也赶不上过去
人生有如候鸟，爱自己就是爱他人

我懒得出门，已无天命之忧
没有那么多为什么写诗
我从没有过逐鹿中原的野心
我只珍惜眼前，我爱的和爱我的人
我和海水不一样，爱就深爱

（选自《十月》2018 年第 6 期）

致槐花

袁东瑛

白花花的月光
慢慢流淌的水
从长甸一直向东流着
缠紧山腰的，都是弯曲的路
像曲背的忍耐

太阳的抵达先于黑暗
养蜂人得到的甜
先于蜂的蜇痛
我遵从山里人的习惯
提早起来，不贪黑

我走得很慢
生怕漏掉一丝的槐香
啊，满山谷的甜
需要和苦过的人交换

（选自《扬子江诗刊》2018 年第 6 期）

草原清晨

傅丽祯

清晨打开门窗
迎来满轮朝阳
白云　毡房　牧场

小鸟飞起飞落
快乐歌唱
牧羊犬追逐着羔羊

一只雄鹰缓缓滑翔
停落在木筏上
若无其事的模样
惹得挤奶姑娘目光惆怅

一声声牧鞭
在远山中回响
惊得雁起马嘶
似乎有马儿要脱缰

山静默　花不语
河水静静地淌

（选自诗集《一个人的草原》，内蒙古人民出版社 2018 年 5 月）

到山顶吹吹风

马　强

每一阵风都有放纵的理由
这个下午
熟悉的阳光编织着树影
茅草松软得毫无风骨
一条山路让人有了歌唱的冲动

在风中歌唱从来都不需要理由
触觉正常，风感良好
本身就是一首搁不下的曲子
眼下的我情绪饱满
不亚于一群放学回家的孩子

棵棵松柏傲慢而呆滞
似乎几十年来都缺乏生长的勇气
没有什么可以想起的
也没有了遗忘
除了抓紧泥土就是仰望天空

每一秒都是新的
而我却不得不旧着
极目天涯的山顶
一阵风总也吹不散
虚度的光阴

（选自《海燕》2018年9月号）

我只需要

沙　马

我只需要我的事物，不需要
你们的。我只说
我的语言，不说你们的

我以消失的方式回避了你们
是因为我知道，美的
死亡，比糟糕的活着更好

我只需要一个人的黑暗
一个人的呼吸，一个人的
迷茫，一个人的神曲

我得努力学习，训练手艺，在
荒野里一群溃散的
骷髅中，建造一个伟大的深渊

（选自《诗歌月刊》2018 年第 2 期）

桃花飘洒

唐宝洪

粉红的油纸伞下
仰起粉红色的微笑
粉红的桃花
嘟着红唇
飘洒一个又一个
粉红色的梦

少年当年题写在桃花花瓣的懵懂情怀
随风而逝
只是 那些褪色的旧梦
依然飘洒在微微荡漾的河面

所有的美好
都在岁月的跌宕中
沉淀在永远沉默的河床
所有的浪漫
都在干枯的树桩里
风化为恬美的记忆
只是 那些飘洒的桃花
依然是梦里最值得留恋的美景

（选自 2018 年 4 月 8 日《福建日报》）

古代，一株人参的修行

李尚朝

我在古代看到一株小小的人参
她说，我们就在山里不回去了吧？
如果有一天，有人把我连根拔起
从长白山，送到你的床头
你说，我们还能相处吗？
我们不如就在古代，一起长
不回去，我不想去你们个时代
你那个时代，是那么的粗俗，丑陋
一点也没有人性，更别说
有人能理解一株人参的修行

（选自《浙江诗人》2018年第4期）

想你的马

宋心海

无拘无束地，想你的马
踏过长长的夜路

马蹄溅起大片的月光
锋利的碎片，就要收割心头
心上的一万亩麦田
又似一面战鼓
要敲击出，白银与麦粒
碰撞的声音

这样的夜晚，你的手掌
是否会铺展开另一片天空
让我无论如何突击
也逃不出，你的食指

（选自《海燕》2018年第5期）

局　外

张晓英

你打开又一扇门
我看到这座旧房子的墙皮
正在一块儿一块儿脱落

耐心终于后退
直退到临水的边缘
沏灭火焰

一种保留
我没有深陷涅槃
那条红地毯
离我越来越远

（选自《诗潮》2018 年第 1 期）

港珠澳大桥

邵　悦

55 公里的长度，乘以
年年岁岁跨海往返的里程，就等于
两岸同胞心手相连的长度
33 节钢筋混凝土沉管对接的海底隧道
加上后浪推前浪的奔涌，就等于
两岸同胞世代相融的深情
千百年了，我们心中早就架起
这座连心桥，互通不老的乡愁

梦想，从来不会主动走向我们
我们必须大步向它走过去，风雨兼程
无需铺垫，无需语言，无需隐喻
港珠澳大桥，横空出世
——起于海，又止于海
超越此岸，归于彼岸
大海洋上的漫游者，海底隧道的
穿行者，给世界以最大难度的
“深海之吻”——
5664 米长，75000 吨重

伶仃洋的波澜，涌动了那么久
却没有谁在我们之前
敢去“跨”它一下，更没有谁

敢去“深吻”它一下
伶仃洋里，不再叹伶仃
我们以最长，最大，最重的气运
书写中国新时代的格律诗
以精心，精细，精准的崛起
给世界一个平平仄仄的韵律

没有比桥，更直达希望的路
没有比跨越海潮，更澎湃的激情
大海洋，一座桥梁的臣服者
跨海大桥，一个大国崛起的丰碑
建造者，筑梦者——
我们以静水深流
降服万物，又恩泽万物
大洋之上，“一国两制”框架之下
港珠澳大桥，这枚闪光的奖章
别在华夏民族昂首阔步的胸前

（选自《诗刊》2018年10月号上半月刊）

鸽子在方形的笼里

谢乐勇

以鸽子的力量
它无法触及笼的边界
虽然它翅膀有力
目光深邃，也不乏志向

然而它的空间
确实为方形

天穹的弧形
为它所羡慕的自由曲线
山峰的轮
张弛蜿蜒，充满诱惑

然而它的空间
确实为方形

每天它都展翅飞舞
模仿天空的曲线
羽翼口哨般滑向天空
又轻风般洗过山林

然而它的空间
确实为方形

（选自《诗歌月刊》2018 年第 8 期）

四辑　网络选萃

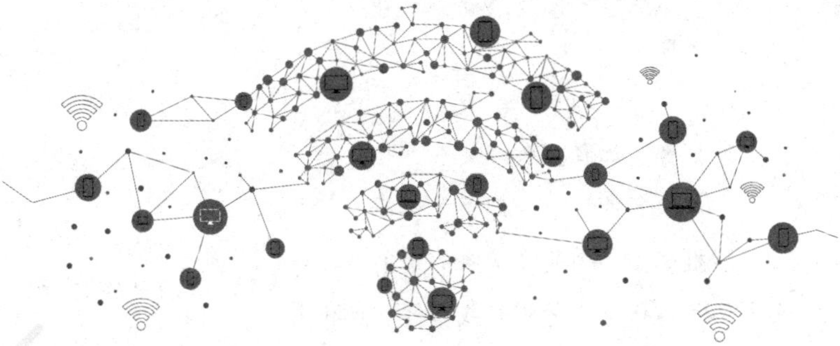

告　别

王家新

昨晚，给在山上合葬的父母
最后一次上了坟
（他们最终又在一起了）
今晨走之前，又去看望了二姨
现在，飞机轰鸣着起飞，从鄂西北山区
一个新建的航母般大小的机场
飞向上海

好像是如释重负
好像真的一下子卸下了很多
机翼下，是故乡贫寒的重重山岭
是沟壑里、背阴处残留的点点积雪
（向阳的一面雪都化了）
是山体上裸露的采石场（犹如剜出的伤口）
是青色的水库，好像还带着泪光……

是我熟悉的山川和炊烟——
父亲披雪的额头，母亲密密的皱纹……
是一个少年上学时的盘山路，
是埋葬了我的童年和一个个亲人的土地……
但此刻，我是第一次从空中看到它
我的飞机在升高，而我还在
向下辨认，辨认……

但愿我像那个骑鹅旅行记中的少年
最后一次揉揉带泪的眼睛
并开始他新的生命

（选自 2018 年 10 月 16 日中国诗歌网“每日好诗”栏目）

夜　航

——24节咏叹调

王　键

1

飞机，夜的锚，将那巨大的黑色之船
固定在银河浩瀚的激流之中

2

我们游行在看不见的云里
我们穿黑色的泳衣

3

我们被那个破损的星球
流放
原因只有一个：我们是那破损的
罪人

4

穿行在星星的丛林，有时你会产生
某种幻觉，觉得自己也是一颗星
——群星中最小的那颗
会发光，虽然微弱

但也带着热度

5

在机器的内部：你紧挨着我，他也
紧挨着我 但我们彼此不说话
有时，一段紧密的关系相等于
一段陌生的关系
我陷入词的空虚与黑洞

6

小而密闭的空间，装着
两种人
一种人要回家，另一种人要离家
我有点迷糊：为何怀着完全相反目的
的两种人会在同一条船上？

7

我与地面已失去一切联系
手机关机，或者没有任何信号
这个时候，我唯一能信靠的人是机长
我对他说：给你，请带我回家

8

我睡着了一会
在万米之上的高空
我被一个梦托着

我在梦里
飞

9

什么是漂泊？当我们对某种高速度失去
感觉时就是漂泊，譬如飞行
譬如人生

10

无论我们怎么飞也飞不过
时间
我们都在时间里
腐朽

11

气流吹着口哨就进来了
就像是从走夜路人嘴里发出的声响
它旋转着 激起的
涟漪在这个密闭的空间里
荡漾

12

一阵剧烈颠簸的片刻
我紧张，害怕
双手攥紧空气
这时，有一只手

放在我发抖的肩头
让它安静

13

有一阵，机舱里安静极了
灯光全都熄灭，机舱的黑
同外面的浑然一体了
我看见，无数的头颅在黑暗里
囚渡。

14

我出门有留言的习惯
告诉家人一些注意事项
比如五月的房贷该还了、妈妈的复查是几号
千万别忘了参加孩子学校的家长会……
此刻，在这又高又黑的地方
面对一张白纸，我
却不知道要写些什么
我没有什么要交待。

15

我要去的地方，现在
已是上午九点钟了
摩天大楼开始放出它的第一道光
而邮递员正以最传统的方式——步行——
开始对每个家庭的探访
那里可有我的航空来信？

16

北京和纽约
我拥有两个不同世界的
敌意和冷漠
差异，呈现出它们粗厉尖锐的性质
而温柔的部分总是相同
比如，从你身旁走过的空姐悄悄
打开你头顶的那盏小射灯

17

我们飞行在辽阔、不着边际的空间
却不偏离轨道，因为总有一股力量
拉扯着我们往下
而此刻，牵引我的不是万有引力
或者引力波
而是父亲曾经坐过的那把空的轮椅
它仍谦虚地立在房间的
那个角落

18

我们是飞在云的海上还是
飞在真实的大海之上?
在机器的轰鸣声中
我辨认大海的声浪尖厉而有力地
朝我涌来

19

鱼儿在水里自由地游行
但它却不认识水
我们在空中穿行
但我们认识天空吗？

20

飞机从海里爬上陆地，又
从陆地越过海洋
像一头鲸挣扎着
从海里跃起，又跌落——
要逃离水的界限和规定

21

广播里正在播《喀秋莎》的音乐
一首革命的爱情歌曲。我听到的
却是忧郁和绝望，像
那个年代致命的炮火
我赶紧找漂亮的空姐
要了一杯水，喝下
湿润我那干燥发火的喉咙

22

我不止一次想到死，在高空
我想像着死亡的突然降临
但我想得最多的却是

一个人的墓志铭：
“他不在这里”

23

一整天，我只吃一片面包
如果这是我的最后一日
我宁愿我的肠胃
干净

24

越过白令海峡，飞机
像个被抛出去的铁锚
一头扎进白昼的岸上
天，一下子亮了。我从
逼仄的座位上起来
向空中舒展蜷曲已久的身体

（选自2018年9月7日《中国诗歌网》，2018年12月27日被评为中国诗歌网第71期“中国好诗”）

空 白

张 烨

1

“你是谁？为什么不肯露脸？
说我有罪不如说我在铲除罪
何谓善？那么多无辜的人被打入地狱
你法力无边，却放任人间的种种罪恶
说我有罪不如说我有爱
我被你的光芒击中，倒下了
然而，你也没能够胜
没有一种力量能量出灵魂的深度
没有一种力量能制服灵魂的力度
……
抒月，我的爱人，别在神威面前
掉泪。死亡也无法将我们分开
你何必随我同去地狱？地狱已鬼满为患
人类应当飞往一个崭新的星球
开拓一个真善美的星球
从我的爱中摆脱出来。这句话
不是我的初衷，是这一瞬间的顿悟
我也许永远地消失”
“乐！亲爱的不朽的乐！我为你活着
我们一定能见面……”

2

月亮刚从银河出浴，穿着紫袍
斜倚在漆黑的悬崖峭壁
静静回忆惊心的一幕，神情冷漠
这类事她已司空见惯？
仿佛一切都未曾发生，白茫茫的大地
没有丝毫痕迹表明
一个负荷着生与死双重苦难的鬼男
曾悄悄来过这世界
突然又永远地消失
生命、死亡、自然、历史
爱情与社会、宿命与科学
谁能解开这永恒之谜？　谁？
欲问苍天吗？
一片永恒的空白

（选自 2018 年 7 月 13 日“康泾诗家园”微信公众号）

小山坡

路　也

下午三点钟，我仰卧在小山坡
阳光在我的上面，我的下面，我的左面，我的右面
我的前面，我的后面
阳光爱我

太阳开始偏西，我仰卧在小山坡
在我的上下左右前后，隔年的衰草柔软又干爽
这片冬末的茅草地如此欢喜
一个慵懒的人

我仰卧在山坡
坡度不大不小，刚好相当于内心的角度
比照某个诗句，把自己当成一只坛子
放在山东，放在一个山坡上

仰卧望天，清风、云朵、蓝天、喜鹊
一道喷气飞机拉出白色雾线
它们按姓氏笔划排列得那么有序
我还望见虚空，望见上帝坐在云端若隐若现

天已过午，人生过半
我独自静静地仰卧在郊外的茅草坡
一个失败者就这样被一座小山托举着
找到了幸福

（选自 2018 年 4 月 2 日中国诗歌网“每日好诗”栏目）

拈花湾（外一首）

徐小华

灯光洗过花朵，过度的娇艳
赛过空白，仿佛爱情高潮里的话语

说不清是空是色
清风拂来，总想扯住往事的衣袖

别把明月柳梢误作了早有的约定
高台上大戏落幕，却留住你灵魂出窍

为喧闹裹挟，被人流架空
谁还在僻净处享受虔诚

灯光和夜色交替，纵使谦卑到
一盏莲花灯的亮度，也无法掌控幻象

能否烛见虚与实的通道
我欲拈花，轻笑声已浮过湖面

（选自2018年10月9日中国诗歌网）

九华山

落日欲走还留。一座座山头披上袈衣
清风掸去尘埃，钟声迎出了寺外

我弯腰作揖，为众鸟飞过，山路静于迟暮

庙宇总是恰到好处地登山越岭

风月和法力向来纠缠不清。是佛以景传，
还是景以佛盛？姑且，先占了山头为王

我将自己安坐在对面，焚香，叩首
倒出灵魂庄园的晨钟暮鼓

一个礼拜自我的人，对万物满怀敬畏
石碑廊柱匾牌上，挤满栉风沐雨的人名

俗人刻下尘世的声名，僧人攒得世俗的粮米
唯佛拈花一笑，出世入世，皆是不动声色

（选自 2018 年 11 月 8 日中国诗歌网）

去和田捡石头的人（外一首）

陈群洲

有人真的捡到了价值连城的宝贝
沉睡的石头，原来是幸运之神

更多的人奔波在和田的山水之间
与玉擦肩而过。她们，躲在
石头的芸芸众生之中，捉着迷藏

玉，是内心有光芒的女子
在尘世间转来转去，为知遇之恩
总在等那个将要出现的人

时间在石头里修炼。玉的神奇
在于，她等的是有缘的人

那些一生都找不到玉的人
不是运气不好，是永远无法抵达
一种意境：守身如玉

满山的柿子被啄得遍体鳞伤

豫北的山坡上，秋风吹走了柿树上
所有的叶子，也不忍心吹灭

挂在上面的灯笼。这些火红的灯笼
是柿树在春天就开始织的心中的太阳与月光
她们美啊，仿佛恋爱中的少女
红朴的脸蛋，甜甜的心事
我多么不愿意描述她们后来的遭遇
一只鸟，看上了她们。接着，又一只
一群……直至她们遍体鳞伤，渐渐暗淡
车子很快从山坡上经过，只一眼
我一生就记住了这一幕
这些被啄过的柿子，从此住进
我的心里。从此，我想一回
就生生地痛一回

（选自 2018 年 12 月 15 日“自在诗”微信公众号）

每个人都有一座博物馆

阿　毛

左边的青丝，右边的白发
和中间的石子

你的室内有勾践、编钟
刀剑、针具、苦脸和蜜

有沙漏、竹简、羊皮卷
指南针和火药

你的胸中有酒樽、马匹
块垒、日月、山川和灰

有心脏和白色骷髅
有蝴蝶标本和黑暗居室

伪和平的射灯照着
啃过疆域、咬过界石的

牙齿

（选自2018年2月12日中国诗歌网“每日好诗”栏目）

所有的五谷都在这一天集合

——写在腊八节前夜

吕　游

所有的五谷都在这一天集合
在锅里，母亲把它们放在一起
像小时候，把我们姐弟七个
放在小小的炕上，七个出窑的瓷器
脸皴着，妈妈一个个洗干净
像洗这些五谷杂粮，只有这一天
四季是团聚的，冷和暖
在一个锅里沸腾，只是少了黑豆

弟弟代替黑豆种在地里
今年，还是不能回家

（选自 2018 年 4 月 4 日中国诗歌网“每日好诗”栏目）

旧日子（外一首）

午　声

谁是谁杯中的旧物
它们自行生灭
在一丝一丝的变化里
成为自己，尔后再失去自己

它们品味苦，也许并不是苦
它们历经的时间，也和
我们游走的光阴一样
只是我们的苦，没有人可以作假

旧日子是可以开花的
它在远方，不必太较真
比如，一句话的某个标点
一个微笑的鱼尾纹，一段稍长的指甲

让它去吧，或者自在地呆着
虚妄地存放，虚妄地发酵
还好，在当下的浮躁里
可以随时欣赏它们安静的外表

（选自 2018 年 3 月 4 日中国诗歌网）

现　场

春天已过，远方还在远方
兄弟姐妹还在奔忙
鹰与无数绿植开始选择自由冲刺
所有的，都停不下来

譬如诵经，譬如礼佛
譬如被夏天启动的漫山遍野的土壤
譬如我的脚步和深重的忧伤

还要多久，才有满桌的菜肴和美酒
盛下大大小小的风光，五谷，人性
甚至雷雨，闪电，光怪陆离的幻象

推杯换盏畅饮尘土与露水的兄弟
一个个被推进世俗和琐事填充的当下
现场安静或者喧嚣，从未耽搁情怀疯长
即便，山水无涯，长空凄凄

（选自 2018 年 6 月 7 日中国诗歌网）

目睹一只鸟的死亡

衣米一

榕树下，它扑打着翅膀
但飞不起来。它开合着尖喙
但发不出声音

昏黄的路灯没有照亮它的身体
而是在它的周围形成一个光圈
它在暗处，挣扎

树很大，光很大，世界很大
只有它，是小的
它倒在一小块草皮上，闭上眼睛

我，一个路人。伸出上帝之手
要救它，带它回家
为它准备一个纸盒，小米和水

但它已经筋疲力尽
安身之所，食物和上帝都来得太迟
它像一个来历不明的难民
死在它不熟悉的国境线上

（选自 2018 年 9 月 26 日中国诗歌网“每日好诗”栏目）

撒哈拉的甘露店

向以鲜

我想在撒哈拉开一片
甘露店，夜晚只卖
秦朝明月汉代的茶

我的顾客，除了骆驼
饥饿的狼群，还有
偶尔造访的诗人

我想在撒哈拉开一片
甘露店，白天只卖
唐朝热泪宋朝的冷

我要从砂砾中挤出春天
从白骨的河床上刮落
唯一的甘甜

（选自 2018 年 9 月 5 日中国诗歌网“每日好诗”栏目）

猎 枪

冯 娜

我默记它的顺序：开膛、填进火药铁弹子、上膛
捂着左眼模仿真正的猎人怎样用一只眼瞄准
一只鸟掉下去，山林抖过之后跌进更深的寂静
铁质的冰冷，冒着生灵附体的腥气
成年后我常常会在人群中嗅到这种气味
我知道扣动扳机的时刻和走火的瞬间
我知道在一个不允许私人持枪的地方
太多人空着的胸膛

（选自 2018 年 4 月 3 日中国诗歌网“每日好诗”栏目）

腊八，允许爱（外一首）

绿袖子

日子越小越好过
小到流星，沙尘微雨
小到池塘枯枝残叶
再说下去就是数九的寒食

腊八碗里的豆类，果粒
比如百合，红枣，酒米，枸杞
每一种物品都有着它自己的心性
它们合起来的时候就

更像是民间情节
更像是小户人家的情事
因为小而滋润简洁。如果你要去
寺庙佛堂进进贡啥的
别忘了带上香蛀，带上
来年的风水贴子

拜一拜神，说说爱情的久远顺风顺水
还有佛龛旁边的那碗腊八粥
它一样会允许你们相爱
允许你们长住民间

（选自2018年1月24日“子袖阁”微信公众号）

秋，忽明忽暗

它是永恒的盲目者
它是竹林一般，响亮
是被我逐出的一块心病

你递过来一只木桶
装满了水的石子
如你嘴角分明的词
说出溪口，水流，光年，谷物

我们曾是一座城池的雾气
用手搅过谷穗，水池
布谷鸟，玉米杆……

我们踩了踩乱石堆上的流水
我们彼此照料
按住想法，按住一只蝉虫
此季
大片的柿子树
已成人形

（选自 2018 年 8 月 25 日“子袖阁”微信公众号）

大意如此

张　琳

有些东西，生来就是大的，比如大海
有些东西，至死也是小的，比如小草

还有一些东西
我认识她时就老了，比如老家

我，正慢慢经历着
从小到大，再渐渐衰老的过程

——我的一生
就像一棵小草，想起大海，如临故乡

（选自 2018 年 10 月 8 日中国诗歌网“每日好诗”栏目）

故乡泥

刘心莲

我以秋声酿一碗米酒
遥望故乡
从一朵花，一棵树
再到一片森林

一路风雨
心灵的缺口在这里修炼
我用宁静穿过句子里的繁华
栖息在三炷香中
听木鱼笃笃
野菊花在开放

谁给你，水一样的温润
谁引你走出红尘
我问秋风，秋风无语
它用经文译出密码
载着我，向远方叩拜
从一捧土，一束光，一陇云

（选自2018年8月28日“东方诗歌”微信公众号）

蛾

黄玲君

整个夜晚
它趴在那里，一动不动
它来自无可记忆的地方
仿佛就是你的婴儿期
人，花了几乎永恒一样长时间
一无所知躺在摇篮里
如此的不可思议
今天的你
难以理解，成长所获知识
只不过是一只蛾
所携带的金粉
你捏过翅膀的手指
有一种滑腻
随着它翅膀低低颤动
沐浴光的投影
你只能不动声色地接受
接受它的表面意义
当这不寻常的事情并没有发生过

（选自 2018 年 7 月 9 日中国诗歌网“每日好诗”栏目）

牛皮在青海湖边铺开

傅大为

我看见时，牛儿的外衣
刚刚被脱下一半
一面青黑，一面雪白
如美丽湖面的
内与外

那刻，湖面青波微颤
闪着湖青色的刀子
沾了一朵灿烂的血花
躲在草丛里，按住心跳
看那汉子脱牛儿的
另一半衣裳

或粗暴，或轻柔
那汉子的青色双手
在低垂的湖光山色之间
在肌肤与锦缎之间
上下翻飞，娴熟游走
一如当初，他脱新娘的
嫁衣

一张牛皮，在青海湖畔
缓缓地铺展开来

青青的湖水，打了个重重的
青黑色的趔趄
远的山、近的云
便同时滑落进了
湖心里

（选自2018年8月10日中国诗歌网）

彩虹是太阳写的诗

王立春

太阳的经历可不一般
从早到晚，每天都要死去活来
虽然白天活得很灿烂
晚上却被黑暗拖走
黑暗像地狱一样深
不知道太阳是怎么活过来的

有时大白天太阳也要挨打
乌云生气了，就使劲捂住太阳
用滚雷踢，用闪电抽
太阳实在忍不住就放声大哭
那一场场泪水雨谁感觉不到呢

流泪之后太阳就写诗
太阳的诗和别人不一样
那首诗叫彩虹，弯弯的
从天的这边一直写到那边
赤橙黄绿青蓝紫
绝望中的希望闪着七彩的光芒
磨难后的纯真闪着七彩的光芒

（选自2018年1月18日“枫林秋月文苑”公众号）

万物都有着自己的方向

罗玉玲

你不停地翻转手心 手背
从手心到手背，从手背到手心
心里的痛，渐渐开始麻木

该珍惜的没有在意
不该计较的，却还那么纠结
不如，向那个快乐的人学习吧

沉溺于诗，不如爱上篆刻
万物都有着自己的方向
诗歌如此，篆刻更不例外

用篆刻刀狠狠地刻下每一笔
——如意不如意，爱或者不爱
把所有的劲，都用在石头上

（选自 2018 年 12 月 31 日江山文学网）

踩点的人

瓦　刀

虚度光阴的人正被光阴虚度
我就像得了妄想症的孩子
用书生意气力排众议

实话告诉你们吧——
这些诗，是我尘世行走的足迹
有的深，有的浅
有的我用蘸血的钢针做了标记
只要你按图索骥
就能找到一匹马精疲力竭的嘶鸣

一只狼趴在高坡，眺望人间烟火
——那就是我
一个来尘世踩点的人
跺跺脚，不带走一粒尘埃

（选自作者2018年3月19日新浪博客）

一滴水的魂魄
——悼屈原

侯宝华

那时，一滴水敞开
小小怀抱，以及更深处，冰凉小街悬浮
泳动的、游荡的都是清冽
如果这般引诱，你认了引诱
认这为“路漫漫”之后的路漫漫

抽回长剑和长啸，长衫上
擦干浊世之浊，和血。擦出一个干净的自己
便纵身相向，你是怎样容入一滴水中
与它一起透明，一起闭上眼睛，从此不说话

从此浑圆，或扁；近岸，或远
你居住的水房子，都有门前荷开
窗前烛明，即使冬天，披了满房顶的雪花
即使暴雨倾注，纷乱中
也使人分明地认出你晶亮又清醒的一剎

以闭目不见，来看清一切
以不说话，来话遍沧桑：小历史东倒西歪
几番番直了又弯，又有谁
可以遮掩你的暗香？又有谁
可以成为一滴水的魂魄，来荡涤生与死的两茫茫

（选自2018年7月18日中国诗歌网）

光着一只脚穿过城市（三首）

过德文

一只脚穿皮鞋，另一只光着

我让一只脚穿上皮鞋
另一只光着
在纵横交错的街道上
走了很久，并且还在行走
好像街道行走在城市的上空
我努力把看到的听到的
都揽入怀中，只是想证明
城市之于我正如我之于城市
我又在证明中把自己挥霍

我努力和街道两旁的房子交流
沟通，两旁的房子对我说
来吧，这里可以安放你疲惫的灵魂
我鄙视它，我对房子说
再大的房间，搁得了我的忧伤
也搁不下我的思想
软床上的梦，并不比
斑马线上的梦美好
我怎能对生命的公平失去信仰

越过斑马线

走过斑马线，我
为两只远行的蚂蚁让行
走进城市客厅，我在
众目睽睽之下接打电话
和那些并不相干的路灯点头微笑
谈论家国大事，好像没人在意
我是谁，我不需要知道
反正你知道，我一只脚光着

一种妥协止于另一妥协
一种想想止于另一想想
不要在妥协和想想中纠结脚印
于是浮躁，于是淡然
于是焦虑，于是平衡
所有的现实又在隐藏现实
一个城市的真实和虚构
需要关闭无数双欲望的眼睛

光脚贴着地面

午夜，我找块石头坐下
穿皮鞋的脚跷起来，那只光脚
还是贴在地面。若即若离
以证明生活的在场者，此刻
似乎忘记了与我一起笑过的脸
却始终忘不了和我一起哭过的诗
跟现在一样，与现实无关

诚信被欺骗在敲诈和利用

身边走过很多陌生的熟人
和熟悉的陌生人，我都看不清
不知是黑夜遮挡了我的眼睛
还是模糊了你的身影
浪漫沉醉在夜色的酒杯
真情像一闪一闪的星空
那些鸡零狗碎，那些小悲小喜
被善良的晚风吹散得无影无踪

（选自2018年9月2中国文学网）

突　袭

彭　路

一场大雨突袭了天空
也突袭了这个世界

我迎着这场战争前行

当我还未来得及抵挡
雨水已紧裹着我的身体

但它却放开了我的心

（选自 2018 年 11 月 15 日微信公众号“景德镇市青年诗社”）

蜘　蛛

西　浔

夜晚，我摊开一张世界地图
准备研究人类文明的构成时
一只笔尖一样小的蜘蛛掉在了上面
我用手指轻轻地触碰它
它立刻缩成了一团
我用笔尖去挑它
它也立刻缩成了一团
我用嘴轻轻地去吹它
它又立刻缩成了一团
当我终于忍不住
想要用笔尖把它扎死时
一道细长的闪电从夜空划过
我立刻缩成了一团
回过神后
我看到整张地图上所有的板块
都缩成了一团，一整张白纸上面
只剩下一个笔尖一样的小黑点
接着，那只小蜘蛛从里面爬了出来

（选自 2018 年 1 月 2 日中国诗歌网“每日好诗”栏目）

特辑　清水诗篇

——《中国年度优秀诗歌》编委会组织诗人赴
湖南清水村采风作品小辑

清水之上的圣词（三首）

峭　岩

清水村，我这样走近你

这是十月，为了一首诗的承诺，
我乘一朵南去的云，
降落在你花开的土地。

清水村，你知道吗？
就在昨天，霞光乍泄的时分，
我已经站近你的怀里。

清水村，你好吗？
不用回答我，我从时代的光芒里，
已看到你焕发的容颜，
已触摸到你与山齐高的身躯。
我知道你的水，像圣水一样的高洁，
你的庄稼，像翡翠一样的碧绿，
还有你赡养的慈眉善目的老人，
都有着青松般的年轮，
你怀中的孩子像浪花般的神奇。

清水村，让我谢绝你十月的玫瑰，
谢绝你山中的大枣，庭院里的甜梨，
我只需要你庄稼般的憨笑，

我只需要你梦幻般的美意。

因为我啊，不是远方的客人，
其实，我是你一杆出走的钢枪，
是你奶大的殷红的血滴。
我的故乡与你何其相似呵，
也有炊烟缭绕的晚归，
也有挥鞭下地的晨曦。
其实，我就是你的儿子啊！
今天是游子还乡，重返故里！

让我一头扎进你的温暖，
尽享你的亲情大爱无语。
此刻，我只记住你的名字，
清水村，我难以割舍的爱恋；
清水村，我走远又走近的呼吸！

清水之上的圣词

清水村
你就这样坐落在山与水的上方
是天意的支使
你才有了这样的尊容
山做了你的骨骼，水做了你的灵魂
我是个诗人，该怎样为你修辞
献一首圣词

我知道，清水村
和你相握，需千年的修炼

以莲花的洁体
以霞光镀了的脚步
以薰衣草沐浴过的身体
然后，才能站进你的掌心

我来了，通过你壁立的峡谷
追逐你珍珠汇聚的流水
那是你昨夜酿造的话语吗
无声地飘落，已洞穿我的躯体

请理解我，清水村
我是个凡尘俗子
蓬头垢面，就是一粒粗糙的石子
请你告诉我，该怎样修行
才能成为你的孩子

啊，我懂了
你的巨石上的固化的鱼网
山坡上的神马蹄迹
还有万载不竭的泉水
冥冥中暗示我
也许，我一转身
就是你的骨肉
于是，我只拾取你的一块石头
日后打磨，洗礼
佛说，石头开花时
那是写给清水村最美的圣词

十月，一片汪洋

沉甸甸的十月，要歌唱
歌唱一片汪洋
清水村的臂弯里
晾晒着一块块稻谷的玉盘
它注定是我的诗歌
诺大无比的产床
这是一片意象汪洋的海啊
善也高，寿亦长

我要在这里回归，梦想
溯源我生命的河流
我更要在这里扎根，生长
繁华成秋天的翠翠苍苍
我要饮尽长寿的甘霖
我要茹苦善良的雪霜
让我站进稻子的行列吧
夜披星月，日沐灿阳

清水浇开的花朵（二首）

杨志学

你是清水

你是清水，你是清水
我从北到南寻找你

你是清水，你是清水
向世人表明，你是一种有品质的水
当人喝下你的百年泉，一股清流
流进了身体，神清气爽，滋心养肺

你是清水，你是清水
用事实证明自己是毋庸置疑的活水
你流淌，你澄清，你过滤
从源头一路走来，储存到这里

你是清水，你是清水
人们在评说，你就是大自然最初的水
怀抱着清清亮亮的初心，抗拒着世间污浊
流淌出理想的水、洁净的水，流淌着永远永远的清水

你是清水，你是清水
我跋山涉水走向你，看望你，问候你，歌唱你……

关于加入清水村的申请

芙蓉般美丽的花，绽放在坪上沃野
她叫清水，外貌秀美，内心干净

当她向我发出信息
我便，迅疾，向她，靠近

经过考察，我心里产生一个想法
决定写一份申请，加入清水村——

做一个遵守清水村规的人
做一个爱山护水之人

当我成为合格的清水人
我想，我也就成为了一个

获得新的生命动力的人
一个得道而自在的人

这是否意味着，我同时也成了一个
不受时空拘囿和手握健康秘笈的人呢

走进坪上，走进清水（外一首）

宗德宏

走进坪上，走进清水
走进这个早已远近闻名的长寿之乡
一路的观赏和慨叹
降落了深秋的凉
眼睛里，融入了太多的色彩
而所有旖旎的风光
已经在我的心里收藏
待情感饱满时
我要熬制玉液琼浆

我敢说，这里的人们是幸福的
要不然怎么被称作人间天堂
况且还有这么多老人鹤发童颜
清晨，一群群上学的孩子
迎着朝阳
笑声能够穿越山梁
一栋栋经过规划修建的房屋
青瓦、白墙
呈现出一个美丽乡村的模样
古井亭台旁
我想听一听清水流长

万株桃花盛开，十里飘香

夜晚时分，竹海上空的一弯新月
把这里的峰峦、景色
也照得分外明亮
在山间、路边
野樱粉白、油菜金黄
清水村的十月
就是一处世外桃源
游兴未尽，诗意飞扬

在这个地方，有许多
关于故乡的记忆可以回望

脱贫攻坚，没有硝烟的战争

没有硝烟，却是一场战争
在这个战场上，没有真枪实弹
但同样有你想象不到的艰难
曾经有多少个夜晚
白发骤生，仍旧不眠
所有的努力和付出
值得，洒泪也是为了明天
当灿烂的朝霞
映照着浅浅的归岸
这就是你们当初的祈愿
在无悔的行进中一一呈现

踩着荆棘，翻山越岭
不只因一个召唤
使命和责任，还有信念

早已牢记在心，伟大的追求里
你们没有半点怨言
熟悉这里的一草一木
河流山川和每一块石头
包括犬吠鸟鸣，当然
还有那满山遍野的杜鹃花
在春风拂过之后
尽情地盛开，直至永远

不用过多解说
当我们看见，乡亲们站在新房前的笑脸
就知道了你们马鞍未卸
再出征，向着十万大山

梦里清水（外二首）

赵　琼

我不知道，到底有多少幸福的眼泪
才能让这些自然的精灵
全都相约着，在这里汇聚
我不知道，到底有多么浓烈的感恩
和勤劳的汗滴，才让这一泊湖水
如此清澈、深邃

在这个金色的秋天里，我
以口渴的形式走向你
以再生的步履，走近你
当我循着稻香的指引，进入
朗概山的土地
我只能用自己
一次又一次，洗心涤肺的
深深的呼吸
对你致以最虔诚的敬礼

清水，清水
清水来自清水村那一眼
名曰“百岁泉古井”的心底
有党和政府的惠农政策
以及“金山银山，不如绿水青山”
作为指引

你一定会用一把幸福的钥匙
一层一层地打开，自己
一层又一层的芬芳
像祖国和青山，紧紧地
搂着我们一样
你将蓝天和白云，将富庶和安逸
统统揽进，自己的怀里

清水的杜鹃花或杜鹃花丛中的一泓清水

我没有在四月来到清水。所以
我与清水的杜鹃花，无缘对视
人活半百了，也见惯了许多别离
乃至生死
但我一直坚信一个真理：
凡是美好的，都会永生、不泯
你说：亲爱的，永生的
都不在世间啊……
我说：是啊！永生
只生在美好的心里。

今天，秋来了。我也来了
我来到了清水——
这块陌生而又熟悉的土地
并与天地一起，尽享
这无尽的起伏着的绿
我知道，此刻，杜鹃树上
所有的花儿
都已安卧在与泉水一起

孕育着重生的土里
就像我那些已然离世的
所有的亲人

我多想，今年的秋天
就在这里，守着漫山的
杜鹃的枝条，做这山上的
一茎草，或是一只鸟
在秋风渐凉的那一刻
就去坐到它背风的那一侧
并把它当作自己此生
唯一的依靠
如果，此刻，所有的凝望，正好
都能化做一轮，能给予人间光明
和温暖的太阳
我愿所有的村庄，都能
像清水的杜鹃花一样
开遍所有需要装扮和守护的
山冈……

在清水的秋天里说花

红花开，白花开
黄花也开
在清水，凡是能开的花
都无一例外，在这个秋天里
尽情地开
将自己所有的芬芳
毫无保留地，捧给

我们这些远方的来客
以及它们所能够得着的
这个世界

在清水，在清水浇灌下的
清水之花
即使在完成了花的使命之后
翩然落下
仍还要将结果的担子
再次担起
不分昼夜，饮风餐露
一定要赶在一场白雪的前头
将所有的甜蜜和成熟
送到安逸和祥和的村口

站在清水的这个秋天里
数着这些将要成果的秋花
所有生长在清水村里的清水人
正在秋天的田地里
将自己如清水一般的汗水
一粒一粒，像种子一样
辛勤地播撒

我们这些外乡人
在这些汗水的浸润下
也都成了，清水地头上的
一株秋花

清水谣（三首）

孤　城

清水村的雨

像是遵照祖训与美德
雨下到清水村，纷纷变成了耳语

燕雀高飞低徊
祥瑞绕村
那么多细密的话题，热腾腾的，等着被——
牵进眼眸
牵进一个叫做绵延的针眼

随意一帧小窗剪辑的山水，都是慈眉善目的样子
天光轻笼一垄垄小瓦
雨雾叮嘱的青苔，是光阴叠加光阴的奥义

清水村在如烟如织的慢生活里
涵养一日千里的自足

一线天

谁抵达清水村

谁必有过逼仄的经历

造物给每个人留有一线的机缘
谁走进清水村
谁就配享用，豁然开朗的礼遇

从“清水村宛若世外桃源”想起

每一盏桃花，都是一句诺言
点亮黑色的眼睛
每一盏桃花，都像一个羞涩的少女——
说出一句话
藏在另一句里，静静地
等

云袖漫舒，山水画屏
有福的人
只差
抢占满树欢欣的绿叶，充当不够使的眼睛
阳光
感动冰。水在冰里等水
春夜包庇私奔

每一朵桃花的门环，都虚掩一隅
人间的仙境

清水，长寿的秘密（三首）

蓝　珊

清溪之源

那是上天所赐
一条清幽之溪
未被污染
未被开拓
它承接天地之精华
它享受自然之雨露

逢大旱都不干涸
百折不挠，激流勇进，滋润四方

德位相配

治大国如烹
小鲜
君子自强不息
厚德载物
一个村庄亦如是

这里有国学根基

这里有大同理念
同时，还有生态的跟进

在清水村
白发人清晨诵读
为官者谦卑受教
农妇们集体培训

顺道为德，恪守本分

清水的仙马石

星光满地
睡意全无
于深邃的世界中
汲取时间之清水
他不在这里
一匹仙马
夺了我的心
只留下
空空的足印

清水，秋天里最美的诗行（外一首）

刘克祥

在清水，每一个挂在脸上的微笑
都是春天的花朵，盛开在芬芳的祖国

当我卸下一身疲惫，还来不及停靠
倾慕的心早已随着那万丈霞光
穿过朗概山狭长的山谷
穿过雷公洞，穿过当年将军踏过的仙马石
置身于这里的一草一木
放眼一幅幅新乡村建设的画卷

一栋栋错落有致的小院掩映在绿树丛中
在高低起伏的视线中，时隐时现，如影如幻
依水而筑的公路更像彩带飞舞
喜迎八方来客，百岁泉的古井边
我想那一个个定是神仙中人
“问今是何世，乃不知有汉，无论魏晋。”
万亩花海，记忆的年轮早已化作屡屡春风
翩翩于绿水青山的环绕

读书声不绝于耳
总是早于第一声鸟鸣，早于擦亮的晨曦
振兴乡村教育，早已吹响时代的号角

那一双双闪亮而清澈的眼睛告诉我
有一种美好世代相袭，
这就是生生不息的力量
每一个的脸上都自然溢出甜美的微笑

一个叫做清水的村庄

抵达，总是早于一趟列车或者航班
早于一场迟来的秋事，一场纷飞的雪
更早于朗概山山脉一阵扑面而来的风

村庄是娴静的，集山川之秀丽于一身
像个娇羞的新娘，披着朦胧的轻纱
端坐在一幅水墨丹青渲染的画卷里
金色的稻田。青瓦、白墙，袅袅向上的炊烟
几朵野山菊，正在不远处招手
池塘边，几只白鹅就像骄傲的公主
舞动着曼妙的身姿。孩子们相互追逐嬉戏
欢笑洒满了金色的童年。老人们精神矍铄
谈笑风生，叙说着村庄千年一瞬的过往

其实，多年以前就做过这样的一个梦
梦见过这样的一个村庄
一个人坐在静谧的黄昏看着牛儿晚归
在薄明的晨曦中看鸟儿飞过门前的树梢
看轻风微漾的水面鱼儿泛起的涟漪
这就是故乡的底色，装满我的行囊
仿佛故乡在岁月中静静流淌的足印

天地本如此，万物归心。多年时光已过
与诗书为伴，与桃花为伴，与山水为伴
归于平静，归于均匀的呼吸，归于生养
我卑微地活着，不会告诉人我去了哪里
也不会告诉人我来自哪里
我将以咫尺拥抱天涯，以他乡拥抱故乡
在晨光明媚里放眼天空的辽阔
一张车票早已载不动我的归程

青山不老，清水长流

林目清

清水长流
从远古流来
从创世的混沌中流来

不老神泉
从清纯的源头涌出
向世人展示远古的清流
流水带着古朴的民风
绕过山梁，穿过雷公洞
欢笑着奔向远方
把一个群山环抱中的世界
向世人慢慢打开

一泓清水
悠悠地，流进人们的心田
浸润游人的肌体
这是一眼不仅洁身健体
而且可以冲洗人的灵魂的甘泉
它冲出石隙，跳出村庄
然后缓缓流淌，伴着走动的时光

我打清水走过（外一首）

柏　荷

这个秋天，我打清水走过

清水呀，你源自哪里
你选择留在这里
是上天眷顾，还是清水人的感召

田野相连，山水相傍
鸡犬相闻，人脉相亲
受惠于自然的恩宠
得益于民心的淳朴
长寿，成了上天给予清水人的
最好的福报

忘不了，长寿老人的手
满是青筋，握上去却温暖有力
那是一双双
依然能种菜拾柴、生火烧饭
依然坚持生活起居自理的手啊
我敬仰这样长寿着的老人
长寿着的老人是在完成生命本身的圆满

清水呀，此生，此时
就让我与你情义相牵，不离不弃

清水遐想

清水的月牙儿，多情且直接
一下子勾引你回到童年
回到外婆的摇篮
想起阿娇，想起那个亲亲的少年

少年立在田园之上
金色的稻浪，是他一生的念想
跳动着绯红的音符
追赶白云，飞上蓝天
一直飞向山的那边

山外的世界多精彩
可有个叫乡愁的东西
不知何时爬上了心头
陪你醉酒，伴你无眠
晨雾中袅袅的炊烟
夕阳中白发的老娘
总在不经意间 浮现眼前
都说近乡情怯
但不知，走过廊桥
是走进了乡愁，还是跨越了乡愁

月光呀，皎皎无纤尘
正如这百岁泉的水，清凌凌碧悠悠
让你想起亲人的身影
为你指引一条回家的路

坪上，我们从这里启航

钟九胜

从洪荒宇宙走来，向大千世界融汇，
在季节深沉、稻香菊美的时间与空间节点，
坪上，你成为意蕴丰富的背景，
而我们，则是这背景上最绚烂的主体。

我是谁？我来自哪里？我去往何方？
这些令人头痛的哲学问题，
在你的面前，都已无足轻重，
坪上，拥有你，就是我们最自豪的荣誉！
生于斯，我们如草木采天地之精气，
长于斯，我们如百鸟集山川之灵性！

坪上，你就像一部内容丰赡、情节离奇的巨著，
每一个章节都那么耐读耐品。
筱溪大坝的雄壮，让我们领略到人生可以那样伟岸，
清水山村的秀美，让我们明白了岁月可以那么静好。
张氏宗祠把道德传承，一字山庄将斯文撒播。
回龙庵、黛水桥的美好传说还在历史深处悠悠发光，
大同福地、源科凯乐又要以崭新的面貌享誉三湘！

坪上人就这么一茬茬、一代代长大，
像沃野的庄稼，茁壮，顺理成章。

坪上镇，馈赠与回报

吉　娜

平生第一次去湖南
到了邵阳 坪上镇
不只为了喝一口清水村的长寿水
更是为着去赴一场诗歌的盛会

在周敦颐的本家院儿里
我寻到了一方斗笠
《爱莲说》在风中摇曳

祖先给我们的实在太多了
除了躯体和呼吸
还有思想与灵魂
而我们如何回报这种恩泽呢
恐怕只能献上发自内心的诗歌了

清水村，长寿泉边
我诗歌的句子缓缓流出

回答

——致我一心牵挂的一座村庄

郭　沛

我的每一寸祖国，
都蕴藏着让人惊奇的神话。
在一个叫做清水的地方，
生长着长寿的鲜花。
我虽然在地理上远离清水村，
我的心，却好像已经在那里驻扎。

那里有一串串无需翻译的鸟语，
那里有一处处常年开放的氧吧。
她的流水给我送来了问候，
她的田野让我的灵感空前爆发。
我真的一下子变得年轻了，
五十八岁的我，真的好像变成了“吾十八”。

离开后，我成了清水村的儿子

李　军

走了，带走了
你的奇山圣水，你的糯米甜酒
你的野板栗、甜樱桃
还有青瓦、白墙、原木楼台
还有百岁泉，鬼斧神工的雷公洞
还有金灿灿的稻穗、蛙唱、鸟鸣
百里黄桃、油菜花海和百岁老人温暖的握手

走了，带走了
你婀娜的身姿少女般的娇美
细细雨丝是你飘逸的长发
檐下的蟋蟀说着你乡音的悄悄话
走了，带走了
你母爱如海无私无悔的崇高
你父爱如山的威严、力量和博大胸怀
你用重峦叠嶂的群峰峻岭，诉说着历史风云
你用广袤的田野漫长的河流，吟诵着一方水土的智慧
你就是清水村、长寿村，我的家园，我要为你一跪
跪你的草木山水，跪你的清纯如一
跪这片让我再生的神奇土地，
离开你以后，我魂不守舍，有一种归属感
清水村，我成了你精神上的儿子！

大美坪上

刘志军

坪上是巍峨的郎概山
携手金龙山脉　屹立湘中
展示美好生活的崭新舞台

坪上是秀丽的黛水桥
沿着百里河廊　蜿蜒小溪
聆听神宗登基的历史窗口

在我的记忆深处
坪上就是耄耋之年的奶奶
心灵手巧剪出的美丽窗花

在我的心中
坪上就是辛亥先驱叔川公
首开一方先河的大同学堂

在我的耳边
坪上就是生龙活虎的少年
跨越时空的朗朗读书声

在我的身旁
坪上就是我可爱的父老乡亲
在长寿福地清水村做做农活打打小牌

在我的眼前
坪上就是川流不息的高铁站
一张张笑脸乘兴而去满载而归

坪上啊，是一支永不休止的协奏曲
坪上人已开始谋划未来
接下来，坪上会发生更大的让人惊叹的事情

注：本辑“清水诗篇”作品，大多从2018年10月下旬起在《坪上动态》微信公众号陆续推出，也有少量作品在《解放军报》等报刊发表。